Foto Umschlag vorne:
St. Valentin bei Seis mit Blick zum Schlern

Foto Umschlag hinten:
Der Autor Albert Gruber

Copertina frontale:
S. Valentin presso Siusi con vista sullo Sciliar

Copertina posteriore:
L'autore Albert Gruber

Cover picture on the front side:
St. Valentin near Seis with view to the Schlern

Cover picture on the back side:
The author Albert Gruber

Albert und Nima Gruber

Alto Adige

SÜDTIROL

South Tyrol

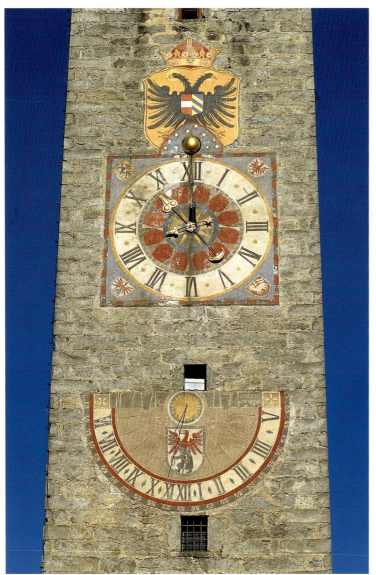

Sterzing Panorama mit Blick in das Pfitschtal und zum Alpenhauptkamm. / Der Zwölferturm, das weithin sichtbare Wahrzeichen der Fuggerstadt, mit besonders schöner Sonnenuhr und Stadtwappen. / Der heilige Nepomuk, als Schirmherr der Neustadt.

Panorama di Vipiteno con vista sulla Val di Vizze e sui crinali alpini. / La torre civica delle Dodici, simbolo della città dei Fugger, con la sua meravigliosa meridiana e lo stemma cittadino. / S. Giovanni Nepomuc, protettore della città.

Sterzing- panorama with view in the Pfitsch Valley and to the main alpine crest. / The Zwölfer Tower, the most visible landmark of the Fugger town with an especially beautiful sun dial and the city-arms. / Saint Nepomuk, the patron of the new city.

Sehenswürdigkeiten in Sterzing und Umgebung: www.sterzing.it / www.vipiteno.com

- Sterzing Alt- und Neustadt
- Spitalkirche zum Heiligen Geist; um 1380 erbaut
- Multscher-Museum im Deutschhaus
- Schloss Reifenstein und Sprechenstein
- Schloss Wolfsthurn bei Mareit. Museum für Jagd und Fischerei
- Bergbaumuseum am Schneeberg. Maiern im Ridnauntal
- Gilfenklamm, ein großartiges Naturschauspiel gleich am Eingang des Ratschingstales
- Rosskopf, der Hausberg von Sterzing (2176 m), Sommer- und Wintersportort

Particolari attrazioni di Vipiteno e dintorni:

- La nuova e l'antica area cittadina di Vipiteno
- La chiesa di S. Spirito dell'Ospedale, costruita nel 1380
- Museo Multscher presso la casa "Deutschorden"
- Castel Tasso e Castelpietra
- Castel Wolfsthurn a Mareta
- Museo provinciale delle Miniere a S. Martino Monte Nevoso. Masseria in Val Ridanna
- Gola di Racines, uno spettacolo naturale unico al mondo proprio all'entrata della Val di Racines
- Monte Cavallo, la montagna simbolo di Vipiteno (2176 m). Località ideale per gli amanti degli sport invernali ed estivi

Special sights in Sterzing and surroundings:

- Sterzing old and new city
- Hospital Church of the Holy Spirit; built in 1380
- Multscher Museum in the Deutsch House
- Castle Reifenstein and Castle Sprechenstein
- Castle Wolfsthurn near Mareit
- Mining Museum on the Schneeberg. Maiern in the Ridnaun Valley
- Gilfenklamm, a fantastic natural wonder exactly at the entrance to the Ratschings Valley
- Rosskopf, the mountain on the doorstep of Sterzing. Summer and winter sports resort

*Die **Sterzinger Neustadt** gilt unangefochten als der schönste und charakteristischste Straßenzug Tirols. / Die Spitalkirche zum Heiligen Geist ist mit ihren mittelalterlichen Fresken ein einziges Gemälde und wirklich sehenswert. / Schlafzimmer aus Zirbelholz im SchlossReifenstein. / Aufmarsch der Wipptaler Musikkapelle in typischer Tracht. / Bildergalerie im Städtischen Multscher-Museum im Deutschhaus.*

*Nella **città nuova di Vipiteno** la via centrale rimane senza alcun dubbio una delle più belle e caratteristiche strade del Tirolo. / La chiesa di S. Spirito dell'Ospedale, con i suoi affreschi medioevali, è un'opera unica che merita assolutamente una visita. / Camera da letto in legno di pino cembro, all'interno di Castel Tasso. / Parata in costume della Cappella Musicale Wipptaler. / Galleria fotografica del museo cittadino Multscher presso la casa "Deutschorden".*

*The **new city part of Sterzing** is considered to be the most beautiful and the most characteristic street of houses of Tyrol. / The Hospital Church of the Holy Ghost represents with its medieval frescos a unique painting and it is worth seeing. / Bedroom of Swiss pine wood in Castle Reifenstein. / Deployment of the Wipptaler band in traditional costume. / Picture Gallery in the Municipal Multscher Museum in the Deutsch House.*

Schloss Reifenstein.
2 km südlich von Sterzing. 1470 verkaufte Herzog Sigmund „der Münzreiche" Reifenstein an die Deutschordenskommende. Die gesamte Anlage ist sehr gut erhalten und vermittelt echte Burgenromantik. / Wipptaler Musikanten in typischer Tracht.

Castel Tasso.
2 km a sud di Vipiteno. Nel 1470 il duca Sigismondo „il danaroso" vendette Castel Tasso al Deutschordenskommende. L'intera struttura è tenuta in splendido stato e trasmette un vero senso di romanticismo cavalleresco. / Musicisti della Val di Vizze in costume tipico.

Castle Reifenstein.
2 kilometres southern of Sterzing. 1470 Duke Sigmund „the Prosperous" sold castle Reifenstein to the Deutschorden commend. The complete complex is well-preserved and represents real castle romance. / Musicians of the Wipptal Valley in traditional costume.

Sterzing ist natürlich auch ein Erholungs- und Wintersportort. Eine moderne Kabinenbahn bringt die Wanderer bzw. die Wintersportler auf den **Rosskopf** (2176 m), den Hausberg der Stadt. Im Sommer bietet sich eine Vielzahl von Wandermöglichkeiten über der Baumgrenze an. An zahlreichen, gut präparierten Pisten erfreuen sich die Wintersportler.

Vipiteno è anche una località turistica e meta ideale per gli amanti degli sport invernali. Una moderna cabinovia porta gli escursionisti e gli sciatori sulla cima di **Monte Cavallo** (2176 m), vetta simbolo della città. In estate Vipiteno offre un'infinità di percorsi escursionistici che portano oltre i margini dei boschi. Gli amanti degli sport invernali possono divertirsi sulle numerose e ben preparate piste da sci.

Sterzing is of course regeneration and winter sports resort. A modern sky ride system takes the hikers and the winter sportsmen on the top of the **Rosskopf** (2176 metres), the mountain on the doorstep of Sterzing. In summer a great variety of hiking possibilities off the timberline are given. All the sports enthusiastic people will enjoy the perfectly prepared slopes for the winter activities.

Immer größerer Beliebtheit erfreuen sich die **Christkindlmärkte** in Südtirols Städten. In den historischen Zentren werden den ganzen Dezember über einheimische und nationale Handarbeiten und gastronomische Spezialitäten angeboten. Und wer nicht kaufen will: Ein Bummel im Lichtermeer der Altstädte vermittelt eine besondere Atmosphäre.

I **mercatini di Natale**, presenti in numerose città altoatesine, conquistano sempre maggiore popolarità. Per tutto il mese di dicembre ed oltre, nei centri storici cittadini, gli artigiani ed i gastronomi locali, ma non solo, offrono e presentano al pubblico le proprie arti e le specialità culinarie del posto.
Chi non vuole fare acquisti può godersi una fiabesca passeggiata nella città vecchia, al chiarore delle illuminazioni natalizie.

All **Christkindlmärkte** (Christmas fair) in the South Tyrolean towns have enjoyed a growing popularity in recent years. In the historical centres handicrafts and gastronomic specialties are offered during the whole December month.
Even if you don't want to buy, strolling in the light ocean of the historic towns transmits a special atmosphere.

*Auf einem Hügel über Mareit steht in beherrschender Lage **Schloss Wolfsthurn**, der einzige einheitliche barocke Schlossbau in Südtirol (1730). Hier befindet sich jetzt das sehenswerte Landesmuseum für Jagd und Fischerei. / Die Gilfenklamm am Eingang des Ratschingstales. / Am Talschluss von Ridnaun und zu Füßen der Stubaier Gletscher liegt das **Knappendorf Maiern**, wo das aufgelassene Erzbergwerk am Schneeberg besichtigt werden kann.*

*Su di una collina sopra Mareta, in posizione dominante, sorge **Castel Wolfsthurn**, l'unico ed autentico castello in stile barocco dell'Alto Adige (1730). Qui oggi è possibile ammirare il museo provinciale della caccia e della pesca. / La Gola di Racines all'entrata della Val di Racines. / Alla fine della Val Ridanna ed ai piedi dei ghiacciai della valle Stubaier, sorge il piccolo **paese di minatori di Masseria**, dove è possibile visitare le oramai abbandonate miniere di bronzo di S. Martino Monte Nevoso.*

*On a hill over Mareit, in a very dominant position, there is **Castle Wolfsthurn**, the only complete baroque castle in South Tyrol (1730). Here you can visit now the remarkable Fishing and Hunting Museum. / The Gilfenklamm (gulch) at the entrance to the the Ratschings Valley. / Submontan to Ridnaun and at the foot of the Stubaier glaciers lies **the miner village Maiern**, where the derelict ore mine of Schneeberg can be visited.*

www.ratschings.info

Inmitten von Obst- und Weingärten, knapp vor den Nordtoren Brixens, liegt das **Augustinerkloster Neustift**, ein Juwel romanischer und barocker Baukunst. Der romanisch-gotische Bau der Stiftskirche wurde im 18. Jh. zum prunkvollsten spätbarocken Kirchenraum umgestaltet. In der Klosterbibliothek befinden sich über 70.000 wertvolle antike Bände.

Circondata da frutteti e vigneti, poco distante dalle porte settentrionali di Bressanone, sorge **l'abbazia agostiniana di Novacella**, un gioiello dell'arte romanica e barocca. All'inizio nel XVIII sec. la struttura dell'abbazia romanico-gotica fu trasformata in uno sfarzoso tardo barocco. Nella biblioteca di Novacella si trovano più di 70.000 antichi e preziosi volumi.

Amidst orchards and vineyards, curtly before the northern gateways of Brixen, the **Augustinian monastery Neustift** is situated, a jewel of Romanesque and baroque architecture. The Romanesque-gothic part of the collegiate church was redesigned in the 18th century to the magnificent late-baroque church room. In the library of the abbey there are over 70.000 precious and antique volumes.

Vorhergehende Seite: Blick über den **Hofburgplatz** mit Millenniumssäule auf die barocke Domkirche in Brixen.

Pagina precedente: scorcio del duomo barocco di Bressanone con **piazza del palazzo vescovile** e colonna millenaria.

Preceding page: View over the **Hofburg (Bishop's palace) place** with the episcopal column to the baroque cathedral in Brixen.

Brixen, der Hauptort im Eisacktal, mit Blick zum Alpenhauptkamm. Diese Stadt am Zusammenfluss von Eisack und Rienz wurde über Jahrhunderte vom Klerus dominiert. Es wäre zu wünschen, dass sie sich jetzt als gute Universitätsstadt entwickeln könnte. / Das Stadtwappen der Bischofsstadt.

Bressanone, capoluogo della Val d'Isarco, con vista sui crinali alpini. Questa città, sita sulla confluenza dei fiumi Isarco e Rienza, fu dominata per secoli dal clero. Ci si augura che ora possa svilupparsi come rinomata cittadina universitaria. / Lo stemma della città vescovile.

Brixen, the main locality in the Eisack Valley, with view to the main alpine crest. This town at the confluence of the two rivers Eisack and Rienz has been dominated for centuries by the clergy. Hopefully it will develop to a small university town. / The city-arms of the bishop's town.

*Blick von **Kranebitt** auf das Zentrum der ältesten Stadt Tirols. Der Domplatz, das spätbarocke Kirchenschiff und der Kreuzgang mit den wohl schönsten Fresken im Alpenraum.*

*Scorcio da **Kranebitt** (Costa d'Elvas) sul centro della più antica città altoatesina. Piazza del Duomo, la navata centrale tardo-barocca ed il chiostro, con gli affreschi probabilmente più straordinari dell'area alpina.*

*View from **Kranebitt** (Costa d'Elvas) on the centre of the oldest towns in Tyrol. Cathedral place, the late-baroque nave and the cloister with probably the most beautiful frescos in the whole alpine area.*

Besondere Sehenswürdigkeiten in Brixen und Umgebung:

- Brixen – Altstadt:
  Dom, Kreuzgang, Diözesanmuseum in der Hofburg, Laubengassen und Eisackpromenade
- Kloster Neustift (am besten im Rahmen einer Führung)
- Vahrner See (Biotop) Naherholungsgebiet
- Schloss Velthurns (bischöfliche Sommerresidenz)
- Würzjoch. Rundfahrt über Afers oder Lüsen
- Wanderungen auf die Brixner Hausberge Plose und Radlsee (2486 und 2436 m). Der Erstere auch als beliebtes Skigebiet im Winter

Particolari attrazioni di Bressanone e dintorni.

- Bressanone – città vecchia:
  duomo, chiostro, Museo Diocesano presso il palazzo vescovile, portici e passeggiata lungo Isarco
- Abbazia di Novacella
  (da ammirare al meglio tramite visita guidata)
- Lago di Varna (biotopo) luogo di relax
- Castel Velturno (residenza vescovile estiva)
- Il Passo delle Erbe. Giro turistico sopra Eores e Lusòn
- Escursioni sulle cime brissinesi della Plose e sul Lago Rodella
- La prima cima sopra citata è amata anche per il suo comprensorio sciistico invernale

Special sights in Brixen and its surroundings

- Brixen-historical centre:
  cathedral, cloistre, Diocesan Museum in the Hofburg, the arcades and the Eisack promenade
- Neustift Monastery (to be seen with a guide)
- Vahrner Lake (biotope) near recreation area
- Castle Feldthurns (episcopal summer residence)
- Würzjoch (pass). Roundtrip passing Afers or Lüsen
- Excursions to the local mountains Plose and Radelsee
- The first mentioned mountain is even a beloved skiing area in winter.

www.brixen.org / www.eisacktal.info

Alle Großereignisse in Brixen werden auf dem **Domplatz** gefeiert, der mit seiner Struktur und Architektur der Gebäude und Kirchenfassaden eine äußerst beeindruckende Kulisse bietet.
Von den Schützen aller Alpenregionen zu traditionellen Prozessionen an kirchlichen Hochfesten, politischen Kundgebungen, musikalischen Events in den Sommermonaten, dem Christkindlmarkt im Dezember bis hin zum unmittelbar bevorstehenden Besuch von Papst Benedikt XVI. (28. Juli bis 11. August 2008) – alle finden hier den geeigneten Rahmen.

I più importanti eventi di Bressanone vengono festeggiati in **piazza duomo** che, con la struttura e l'architettura degli edifici e delle facciate circostanti, rappresenta un palcoscenico unico ed emozionante.
Parate di Schützen di tutte le regioni alpine, tradizionali processioni in occasione delle principali feste religiose, manifestazioni politiche, eventi musicali nei mesi estivi, mercatini di Natale a dicembre, fino all'imminente visita di Papa Benedetto XVI (dal 28 luglio all'11 agosto 2008) – ogni cosa può trovare qui la sua perfetta cornice.

Special festivities in Brixen are celebrated on the **cathedral place**, which offers with its structure and architecture of the buildings and of the facades of the churches an impressing scenery.
From the marksmen to the traditional processions on clerical festivities, to the political demonstration, the music festivals in the summer months, the Christmas fair in December to the imminent visit of Pope Benedict XIV (28 July to 11 August 2008) – all are perfectly enframed here.

Bei **Stufels**, dem ältesten Siedlungsgebiet von Brixen und vermutlich auch des gesamten Eisacktales, treffen der Eisack und die Rienz aufeinander. Ein Rundgang durch Brixen macht nicht müde.
Die älteste Stadt Tirols und tausendjährige Bischofsstadt bietet große Kunstschätze, malerische Einkaufsgassen, eine angenehme Mischung aus italienischer und traditioneller Küche und wird nicht nur wegen des reichhaltigen Angebots an Infrastrukturen von Kongressteilnehmern geschätzt.

A **Stufles**, il più antico insediamento di Bressanone e presumibilmente anche dell'intera Val d'Isarco, confluiscono i fiumi Isarco e Rienza. Una passeggiata per Bressanone non vi stancherà assolutamente.
La più antica città del Tirolo, nonché millenaria città vescovile, offre ai suoi visitatori preziosi tesori artistici, pittoreschi vicoli pieni di bei negozi, una perfetta fusione di cucina italiana e tradizionale ed è altresì apprezzata per la sua ricca offerta di infrastrutture adatte ad accogliere congressi e meeting di vario genere.

Near **Stufels**, the oldest settlement area in Brixen and probably of the whole Eisack Valley, the Eisack and the Rienz meet. A walkabout in Brixen isn't tiring.
The oldest town in Tyrol and millennial episcopal town offers fantastic art pieces, picturesque shopping streets, a pleasant mixture of Italian and traditional cuisine and it is even appreciated for its numerous infrastructures for congresses.

Die Bildergalerie im Feinschmeckerrestaurant „Finsterwirt" erzählt in lebendigen Farben über Jahrhunderte von Besuchen namhafter Künstler, Dichter, Kaufleute und Hochadel, die in dieser mittelalterlichen Kleinstadt offensichtlich nicht nur das milde Klima zu schätzen wussten. / Das Traditionshotel „Zum Elephanten" steht seit dem 15. Jahrhundert. Im Tross eines Erzherzogs von Österreich kam hier wirklich ein Elefant vorbei (1551/52). / Das Kurhotel Dr. von Guggenberg, für Kneippanwendungen bekannt, ist durch den Wellnesstrip der feinen Gesellschaft wieder absolut „in".

La galleria fotografica presente nel rinomato ristorante „Oste scuro" racconta con infinite sfumature, secoli di visite di noti artisti, scrittori e poeti, commercianti e nobili che hanno evidentemente saputo apprezzare questa piccola cittadina medioevale non solo per il suo clima mite. / Il rinomato e tradizionale hotel "Zum Elephanten" esiste dal XV secolo. Qui, al seguito degli Arciduchi d'Austria, nel lontano 1591, giunse veramente un elefante. / La casa di cura Guggenberg, conosciuta per le sue applicazioni Kneipp e grazie soprattutto alle sue offerte wellness, rimane in assoluto uno dei più eleganti centri benessere.

The picture gallery in the gourmet restaurant „Finsterwirt" tells in vivid colours about centuries of visits of famous artists, poets, merchants and nobles, who evidently didn't only enjoy the mild climate of this medieval town. / The traditional hotel „Elephant" exists since the 15th century. The archduke of Austria visited Brixen and among his entourage there was an elephant (1591). / The health resort Dr. v. Guggenberg is famous for its Kneipp treatments and is absolutely „in" for the wellness trips of the upper-class society.

Vorhergehende Seite:
Am **Würzjoch** zeigt sich der **Peitlerkofel** (2813 m) zu allen Jahreszeiten von seiner schönsten Seite. / Als Naherholungsgebiet von Brixen erfreuen sich die Almen und Klettergärten rund um den Peitler besonderer Beliebtheit. Der junge Bergsteiger lässt grüßen. / **St. Magdalena** vor der gewaltigen Bergkulisse der **Villnösser Geisler.** Es ist der Geburtsort von Reinhold Messner. An diesen senkrechten Felsen hat er bereits als Junge die Qualität der ersten Tritte und Griffe erprobt, bevor er an den Weltbergen „Geschichte" schrieb.

Pagina precedente:
Al **Passo delle Erbe il Sasso Putia** (2813 m) si mostra in ogni stagione dalla sua parte migliore. / Quali luoghi di assoluto relax nei dintorni di Bressanone, le malghe ed i pendii per l'arrampicata nei pressi del Putia godono di molta popolarità. Il giovane scalatore saluta cordialmente. / **S. Maddalena**, di fronte all'imponente e magnifica scenografia naturale delle **Odle di Funes**, luogo natio di Reinhold Messner. Prima di passare alla storia per le sue imprese sportive, proprio su queste ripide pareti rocciose egli ha potuto fin da giovane dar prova delle sue doti di scalatore ed arrampicatore.

Preceding page:
On the **Würzjoch** pass the **Peitlerkofel** (2813 metres) mountain can be admired from its best side in every season. / As near recreation area of Brixen the alpine pastures and the climbing walls offer various possibilities. Young climbers will be delighted. / **St. Magdalena** in front of the huge mountain scenery of the **Villnösser Geisler** mountains. It is Reinhold Messner's birth place. On these vertical rocks he has already tested his first steps and the quality of his grips when he was a young boy, before he conquered famous mountains of the world.

St. Magdalena im Villnösser Tal im Naturpark Puez-Geisler, mit Blick zu den Geislerspitzen.

S. Maddalena in Val di Funes. Parco Naturale Puez-Odle.

St. Magdalena in the Villnöss Valley in the Natural Preserve Puez-Geisler with view to the Geisler Peaks.

www.villnoess.info

Naturpark Puez-Geisler

Der Naturpark Puez-Geisler reicht vom Würzjoch und Peitlerkofel im Norden bis über die Südhänge der Villnösser Geisler in das Grödental im Süden.

Während die Almwiesen über leicht abtragbarem, vielschichtigem und -farbigem Sandstein liegen, erheben sich die bizarren Bergformationen aus Dolomitgestein, das besonders im Abendlicht oft feuerrot aufleuchtet (Alpenglühen). Der Naturpark ist ein prächtiges Wandergebiet, in dem sich mehrere Schutzhütten und bewirtschaftete Almen (Jausenstationen) befinden. Von leichten Wanderwegen über gesicherte Klettersteige bis hin zu extremen hochalpinen Kletterrouten kann jeder für sich ein Höchstmaß an Freizeitgenuss finden, insofern er seine Fähigkeiten richtig einzuschätzen weiß.

Vor allem der **Adolf-Munkel-Weg** und der **Günther-Messner-Gedächtnissteig** zählen zu den schönsten Höhenwanderungen in den Dolomiten. Vor allem Kinder werden sich an den Wildtieren begeistern, die in einem Gehege auf der Zanser Alm gehalten werden. Wer aber im Morgengrauen oder zu später Abendstunde sehr, sehr leise an der Baumgrenze unterwegs ist, der hat eine gute Chance, auch Rehe, Gämsen, Hirsche, Birk- und Auerhähne und mit viel Glück auch einen vorbeiziehenden Adler zu erspähen.

Il parco naturale Puez-Odle

Il Parco Naturale Puez-Odle va dal Passo delle Erbe al Sasso Putia a nord, fin sopra i pendii meridionali delle Odle di Funes presso la Val Gardena a sud.

Mentre i pascoli giacciono su pietre arenarie dalle mille sfumature cromatiche, le bizzarre formazioni rocciose delle Dolomiti si innalzano imponenti verso il cielo. Nella calda luce del tramonto si colorano di un acceso rosso fuoco. (fervori alpini). Il Parco Naturale è una splendida zona escursionistica, nella quale sono presenti numerosi rifugi e malghe gestite (stazioni di ristoro). Ognuno qui può trovare la soluzione escursionistica più adatta alle proprie capacità ed il maggiore divertimento possibile, sia che si passeggi su tranquilli sentieri, sia che ci si arrampichi su ferrate messe in sicurezza o ci si spinga all'estremo, percorrendo tour in alta quota. L'importante è essere consci dei proprio limiti.

Soprattutto il **sentiero Adolf Munkel** e la **ferrata in memoria di Günther Messner** sono annoverati tra i più bei sentieri escursionisti in alta quota delle Dolomiti. Anche i bambini possono entusiasmarsi entrando in contatto con gli animali selvatici che vengono tenuti in un recinto presso la malga Zanser. Chi invece si ritrova all'alba o alle ultime luci della sera a camminare al margine dei silenziosi boschi, potrà forse avere la fortuna di vedere, anche solo per un attimo, caprioli, camosci, cervi, fagiani di monte e galli cedroni.

The National Park Puez-Geisler

The Natural Preserve Puez-Geisler extends from the Würzjoch pass and the Peitlerkofel mountain in the north to the southern hillside of the Villnösser Geisler mountains in the Gröden Valley in the south.

While the alpine pastures extend on an incompact multilayer soil and coloured sandstone, the bizarre mountain forms arise from Dolomites rocks, which glow blazing red in the sunset light (glowing of the Alps). The natural preserve is a fantastic hiking area in which you can find many refuges and managed huts. From the easy hiking route to secured climbing paths, to extreme high alpine climbing tours, everybody can fulfil its personal wish, if he is able to evaluate the own abilities.

Especially the **Adolf Munkel path** and the **Günther Messner commemoration path** belong to the most beautiful height-hikings in the Dolomites. Children will be delighted of the wild animals which are kept in a bawn on the Zanser Alp. And who walks silently near the timberline in the daybreak or late in the afternoon has got a good chance to meet deer, chamois, wood grouse and even a passing eagle, if he is lucky.

Von der **Zanser Alm** ausgehend (Parkplatz) erreicht man die **Glatschalm** zu Füßen der Villnösser Geisler, deren Nordwände über 3.000 Meter in den Himmel ragen. Von hier kann man über den Adolf-Munkel-Weg entweder nach Westen in Richtung **Gschnagenhartalm** und **Brogleshütte** wandern oder nach Osten, in Richtung **Gampenalm** und **Schlüterhütte**. Ausdauerndere und geübtere Wanderer können auch die steilen Übergänge auf die **Cislesalpe im Grödental** gehen.

Partendo dalla **malga Zanser** (parcheggio) si raggiunge la **malga Glatsch**, ai piedi delle Odle di Funes, le cui pareti settentrionali, con i loro 3.000 metri, sembrano sfiorare il cielo. Da qui si può proseguire verso ovest in direzione **malga di Casnago** (Gschnagenhardt Alm) e **Rifugio di Brogles**, passando per il sentiero Adolf Munkel oppure verso est in direzione **malga Gampen** e **Rifugio Genova** (Schlüterhütte). Gli escursionisti più allenati ed esperti possono anche camminare sui ripidi passaggi verso **la malga Cisles in Val Gardena**.

From the **Zanser Alp** (car park) you can reach the **Glatsch Alp** at the foot of the Villnösser Geisler mountains, whose northern walls elevate 3000-metres high in the sky. From here you can hike across the Adolf Munkel path to west in direction **Gschnagenhart Alp** and **Brogles refuge** or to east in direction **Gampen Alps** and **Schlüter refuge**. Persistent and trained hikers can even pass the cliffy passages to the **Cisles Alp in the Gröden Valley**.

Von **Latzfons** ausgehend führt ein leichter Wanderweg über die **Klausner Hütte** zur Wallfahrtskirche **Latzfonser Kreuz** (2302 m) mit gleichnamiger Schutzhütte. Die Belohnung: ein wunderbares Dolomitenpanorama! Von hier ist auch ein Übergang zum **Durnholzer See** im Durnholzer Tal möglich.

Partendo da **Lazfons** un facile sentiero escursionistico porta sopra il **Rifugio Chiusa** (Klausner Hütte) verso la chiesa di pellegrinaggio di **S. Croce di Lazfons** (2302 m), dove si trova l'omonimo rifugio. Ricompensa: un panorama sulle Dolomiti da togliere il fiato! Da qui è anche possibile intraprendere una gita presso il lago Valdurna in Val Durna.

Starting from **Latzfons** there is an easy hiking path passing the **Klausner refuge** to the pilgrimage church **Latzfonser Cross** (2302m) with the homonymous refuge. The reward: a wonderful Dolomites panorama. From here it's even possible to cross and go to the **Durnholz Lake** in the Durnholz Valley!

*Der **Kirchhügel von Schrambach** zwischen Brixen und Klausen, ein Schmuckstück des mittleren Eisacktales. Wie unbefangen und furchtlos Kinder sein können ...*

*La **chiesetta sita sulla collinetta di S. Pietro Mezzomonte** (Schrambach), una vera perla artistica della Val d'Isarco. Quanto possono essere spontanei ed intrepidi i bambini!*

*The **church hill from Schrambach** between Brixen and Klausen is a jewel of the mid-Eisack Valley. How intrepid and fearless children can be!*

Klausen liegt im mittleren Bereich des Eisacktales und verdankt seine Bedeutung der besonderen Lage am Brennerweg. War es einst die „Klause" und Zollstätte an einer von der Landschaft begünstigten Stelle, so hat die Kleinstadt im 14. und 15. Jahrhundert durch den Bergbau (Pfunderer Berg im Thinnetal) eine neue Blütezeit erlebt. Das mittelalterliche Erscheinungsbild von Klausen hat sich bis in unsere Tage gut erhalten. Die enge und einzige Hauptstraße mit den aneinandergereihten Bürgerhäusern mit den vielen Erkern und schmiedeeisernen Schildern, die auf eine alte Wirtsstube oder Handwerkerzunft hinweisen, sind Zeugnisse dieser längst vergangenen Zeit. Es mag wohl das Konglomerat aus Knappen, Gewerbetreibenden, Weinbauern, Umschlagplatz des Erzabbaus und nicht zuletzt den aus dieser Gegend stammenden Minnesängern (Walther von der Vogelweide) gewesen sein, das auch viele Künstler nach Klausen lockte – auch wenn sie öfter ihre Zeche nicht bezahlen konnten. Heute ist so mancher Gastwirt stolzer Besitzer zurückgelassener Ölbilder oder poetischer Texte. Den alles beherrschenden Anblick aber bietet die „Akropolis von Tirol", wie der eindrucksvolle Klosterfelsen von Säben auch genannt wird. Spätestens ab dem 6. Jh. residierten die Bischöfe auf dem erhabenen Felsrücken, bis um 990 Bischof Albuin nach Brixen umzog. Wer über den steilen Pflasterweg die Benediktinerinnenabtei erreicht, genießt einen schönen Rundblick auf das Siedlungsgebiet in der Umgebung von Klausen, das von Dörfern, Weilern und zahlreichen Einzelhöfen geprägt wird. Aufgrund der geschützten Sonnenhänge befindet sich hier das höchste Weinanbaugebiet Europas. Der karge, sandige Boden verleiht dem edlen Rebensaft ein Aroma, das von Weinkennern besonders geschätzt wird.

Chiusa sorge al centro della Val d'Isarco ed il suo nome racchiude il ruolo vissuto nella storia da questa cittadina posta sulla via del Brennero. Essa infatti in passato era la "chiusa" e la dogana di uno dei luoghi a tal fine più favorito; così, nel XIV e XV sec., questa cittadina in mezzo alle montagne (Pfunderer Berg in Thinnetal) visse un periodo di vera e propria rinascita. L'aspetto medioevale di Chiusa è rimasto intatto fino ai nostri giorni. L'unica ed angusta strada centrale, con gli edifici ordinatamente affiancati gli uni agli altri, con i numerosi balconcini e le antiche insegne in ferro battuto che indicano ancora oggi ai passanti le osterie ed i negozi, rimangono a testimonianza di un tempo lontano. Sarà stata la diversità delle genti, tra minatori, antichi commercianti, viticoltori, estrattori di bronzo e, non per ultimi, di quei menestrelli che avevano qui il loro luogo natio (come Walther von der Vogelweide), che Chiusa ha spinto tanti artisti a rimanere in questa cittadina, nonostante spesso non avessero un soldo in tasca. Oggi rimane ancora qualche osteria, qualche orgoglioso proprietario di dipinti ad olio o testi poetici. La cosiddetta "acropoli del Tirolo" offre però una vista invidiabile: trattasi del Monastero di Sabiona, abbarbicato su di un'alta rupe. Al più tardi a partire dal VI sec. su questo altissimo spuntone roccioso i vescovi fissarono la loro residenza, fino a che, nell'anno 990, il vescovo Albuino si trasferì a Bressanone. Dopo questo trasloco Sabiona fu trasformata in un'imponente fortezza, che però, nel 1530, fu oggetto di un immane incendio. Solo a partire dal 1686 dalle sue rovine si sviluppò l'abbazia benedettina che si può ancora oggi ammirare. Chi raggiunge il monastero posto in cima alla rupe, salendo il ripido sentiero lastricato, può godere di uno dei più bei scorci su Chiusa e sui suoi dintorni, composti da paesini e da numerosi masi.

Klausen is situated in the mid-area of the Eisack Valley and owes its importance to the special location at the Brenner street. While in former times it was the chasm and the custom station at a well-located place in the 14th and 15th century, the town flourished later because of mining (Pfunderer mountain in the Thinne Valley). The medieval appearance of Klausen has been well-preserved to nowadays. The only and narrow street with its twined middle-class houses with the many jutties and the wrought-iron signs, which refer to a tavern or craft, are evidences of passed times. It might have been the conglomerate of miners, merchants, wine farmers, reloading spot for the ore-mining and not at least the local ministrels (Walter von der Vogelweide) that attracted many artists to Klausen- even if very often they could not pay the piper. Today some hosts are proud owners of oil paintings or poetic texts. The most dominating view is offered by the „Acropolis of Tyrol", like the impressing monastery rock of Säben is called. At latest in the 6th century the bishops resided on the lordly rock until 990 Bishop Albuin moved to Brixen. After the relocation the monastery Säben was altered to a fortress which dominated the valley but which was destroyed in 1530 by the flames. Only in 1686 the now existing Benedictine convent was built on the ruins of the former monastery. Who reaches the monastery area walking on the cobblestone way enjoys a beautiful round view on the settlements in the surroundings of Klausen, which is shaped by the villages, small settlements and single farms. Due to the protected sunny hillsides there is the highest wine-growing district in Europe. The meagre sandy soil confers to the wine an aroma which is especially appreciated by oenophiles.

Sehenswürdigkeiten in Klausen und Umgebung:

- Klausen Altstadt
- Loretoschatz im Stadtmuseum
- Kloster Säben
- Villnösser Tal (Naturpark Puez-Geisler)
- Latzfonser Kreuz. Villanderer Alm (im Winter wunderschöne Langlaufloipen)
- Dreikirchen (traditionsreiche Sommerfrische in ungestörter Waldeinsamkeit)

www.klausen.it

Particolari attrazioni di Chiusa e dintorni:

- Chiusa città vecchia
- Il Tesoro di Loreto nel Museo Civico
- Il Monastero di Sabiona
- Val di Funes (Parco Naturale Puez-Odle)
- S. Croce di Lazfons. Malga di Villandro (in inverno meravigliose piste di sci da fondo)
- Le Tre Chiese (luogo di villeggiatura ricco di tradizioni e caratterizzato dalla tranquilla solitudine dei boschi)

Sights in Klausen and surroundings:

- Klausen historic town centre
- Loreto treasure in the Civic Museum
- Säben monastery
- Villnöss Valley (Natural Preserve Puez-Geisler)
- Latzfonser Cross. Villanderer Alp (in winter there are wonderful cross-country ski runs)
- Dreikirchen (Three Churches, traditional summer resort in an undisturbed silvan loneliness)

*Die **Benediktinerinnenabtei Kloster Säben** mit Blick zur Plose und den Aferer Geislern. / Die gut erhaltene **Burg Branzoll** über Klausen gehörte einst den Herren von Säben. Heute ist sie im Privatbesitz. / Einzige Stadtgasse in Klausen, durch die bis in die 60er-Jahre der Durchgangsverkehr floss. Unter den ausladenden Erkern herrscht heute beschauliche Fußgängerruhe mit ein paar Geschäften und traditionellen Wirtshäusern. / Klausen Panorama. Sichtbare Zeichen weltlicher Macht: die Burg Branzoll und die Klosteranlage Säben als symbolische Himmelsmacht. / Ölgemälde aus dem **Loretoschatz**.*

*L'abbazia benedettina di Sabiona con sguardo sulla Plose e sulle Odle di Eores. / Il bel **castello di Bronzolo**, sopra Chiusa, apparteneva in passato ai signori di Sabiona. Oggi è proprietà privata. / L'unica strada della cittadina di Chiusa, sulla quale fluiva tutto il traffico commerciale della zona fino agli anni '60. Sotto i tanti bowindow oggi scorre invece una tranquilla stradina pedonale, arricchita da alcuni negozietti e da ristoranti tipici. / Panorama di Chiusa. Segni visibili del potere temporale, il castello di Bronzolo e l'Abbazia di Sabiona quale simbolo del potere spirituale. / Dipinti ad olio dal **Tesoro di Loreto**.*

*The **Benedictine monastery Kloster Säben** with view to the Plose mountain and the Aferer Geisler mountains. / The well-preserved **Castle Branzoll** above Klausen, which once belonged to the Lords of Säben. Today it is a private property. / The sole lane in Klausen through which until the 60ties the traffic passed. Under the jutties today we have a quiet pedestrian area with some shops and traditional taverns. / Klausen panorama. Evident signs of secular power the Castle Branzoll and the monastery complex Säben as symbolic divine power. / Oil painting of the **Loreto treasure**.*

Die „Dorfschönen" vom Villanderer Berg in typischer Eisacktaler Tracht. / Weinberge im Eisacktal sind oft steile Hänge und müssen mit vielen Reihen von Trockenmauern zugänglich gemacht werden. / Wer Motive fotografieren möchte, wie sie Franz von Defregger (1835-1921) gemalt hat, wird sie in **Villanders** bestimmt finden. Das Dorfmotiv seines berühmten Freiheitskampf-Gemäldes „Das letzte Aufgebot" hat er hier gefunden. / Friedhof in Villanders. / Gehöft über Klausen. Heidnische Urgeschichte und ergebene Frömmigkeit.

Le "belle del villaggio" di Monte di Villandro in costumi tradizionali della Val d'Isarco. / Le montagne adibite alla viticoltura in Val d'Isarco spesso sono formate da scoscesi pendii e devono essere rese accessibili con numerose file di muretti a secco. / Chi volesse fotografare soggetti, come li ha dipinti il celebre artista Franz von Defregger (1835-1921), deve venire proprio a **Villandro**. Il paese è presente in uno dei suoi più noti dipinti sulla battaglia per la libertà: il quadro „Das letzte Aufgebot" infatti è stato ritrovato proprio qui a Villandro. / Cimitero a Villandro. / Maso contadino sopra Chiusa. Preistoria pagana e devota religiosità.

The village „beauties" of the Villanderer mountain in traditional costume of the Eisack Valley. / Vineyards in the Eisack Valley are very often steep slopes and have to be made accessible by many lines of stone walls. / Who wants to take pictures of motives like those which Hans von Defregger (1835-1921) painted, will find them in **Villanders** for sure. Here he has found the village motif for his famous picture about the liberation battle „The last array". / Graveyard in Villanders. / Grange above Klausen. Pagan prehistory and obedient devotion.

*Kinder mal ganz groß. Auf der **Villanderer Alm** gibt es viel zu staunen. Das Berggasthaus am Rinderplatz ist ganz auf Familienbesuche ausgerichtet und ganzjährig geöffnet. / Lebendige Fauna und Flora auf der Villanderer Alm. / Im Winter schlummern die Almwiesen unter einer dicken weißen Pracht. Gut präparierte Loipen und Rodelwege werden zum Erlebnisausflug für die ganze Familie und als Zugabe ein herrliches Dolomitenpanorama.*

*I bambini per protagonisti. Sulla **malga di Villandro** ci sono molte occasioni per sorprendersi. L'osteria in piazza Rinder è aperta tutto l'anno ed è certamente la meta ideale per le famiglie. / Fauna e flora sulla Malga di Villandro. / In inverno i pascoli alpini si assopiscono sotto una bianca coltre di neve. Ottime piste da sci e sicuri sentieri per slittare sono un ulteriore motivo di divertimento per le famiglie ed un nuovo punto a favore della bellezza delle splendide Dolomiti.*

*Children in close-up. On the **Villanderer Alp** there is a lot to be astonished of. The mountain inn on the Rinderplatz (cattle place) is geared on families and is year-round open. / Vivid fauna and flora on the Villanderer Alp. / In winter the alp meadows doze under a white magnificence. Well-prepared cross-country ski runs and sledding paths offer an adventurous trip for the whole family and moreover a gorgeous Dolomites panorama.*

Das Hochplateau der Villanderer Alm liegt eingebettet zwischen dem Rittner Horn und dem Latzfonser Kreuz. Zwischen den großflächigen Latschenbeständen knapp über der Baumgrenze führen viele romantische Wege. Mehrere Berggasthäuser und bewirtschaftete Almhütten verwöhnen den Wanderer mit lokalen Spezialitäten.

Dieses Naturparadies ist wirklich ein empfehlenswertes Erholungsgebiet, vor allem auch für Kinder, die sich im Sommer wie im Winter hier oben mal richtig austoben können.

L'altopiano della Malga di Villandro giace adagiato tra Corno di Renon e S. Croce di Lazfons. Fra gli estesi boschi di pino mugo, quasi oltre il margine boschivo, si diramano numerosi e romantici sentieri escursionistici. Varie osterie e malghe gestite viziano i turisti di passaggio con specialità gastronomiche locali.

Questo paradiso naturale è veramente da consigliare come straordinario luogo di relax, soprattutto per i bambini che, sia in estate che in inverno, possono sfogare qui il loro entusiasmo e la loro voglia di vivere.

The elevated plain of the Villanderer Alp is among the Rittner Horn and the Latzfonser Cross. Between the large mountain pine woods, just under the timberline there are many romantic paths. Many mountain inns and managed huts coddle the hikers with local specialties.

This natural paradise is really a recommendable recreation resort, especially for children who here can run riot in winter as well as in summer.

*Die Kornfelder sind weitgehend von der Südtiroler Flurlandschaft verschwunden. Seltenheitswert hat also das Bild mit dem Bauern in **Lajen** beim „Garbenbinden". / Die erhaben und wehrhaft über **Waidbruck** aufragende **Trostburg** bewacht den Eingang zum Grödental. Die Grafen von Wolkenstein-Trostburg traten 1967 ihre Rechte an das Südtiroler Burgeninstitut ab, das die notwendigen Sanierungen durchführte und die Burg öffentlich zugänglich machte. Für den Besucher nachempfundene Burgromantik. Warten auf den Minnesänger ... / Im mittleren Eisacktal hat das „Törggelen" eine verankerte Tradition. Bauern, die schon immer eine scharfe Gratwanderung zwischen Aufgeben und Weitermachen zu gehen hatten, bieten in den gemütlichen, heimischen Stuben lokale Spezialitäten an und können somit ihre prekäre Finanzlage etwas aufbessern (Oktober bis Dezember). / „Törggelen" auf dem Putzerhof in Lajen Ried.*

I campi di grano sono quasi del tutto scomparsi dal panorama agricolo altoatesino. / Il maestoso e ben fortificato Castel Trostburg, sopra Ponte all'Isarco, sorveglia l'entrata in Val Gardena. I Conti von Wolkenstein-Trostburg cedettero nel 1967 i loro diritti all'Istituto dei castelli altoatesini, che si adoperò quindi al risanamento necessario per poter rendere la struttura nuovamente accessibile al pubblico. / I contadini offrono in confortevoli Stuben le proprie specialità gastronomiche, riuscendo in tal modo a migliorare la precaria situazione finanziaria (da ottobre a dicembre).

The corn fields have largely disappeared from the South Tyrolean landscape. / The lordly and well-fortified Trostburg above Waidbruck guards the entrance to the Grödner Valley. The Earls of Wolkenstein-Trostburg ceded their rights to the South Tyrolean Castle Institute, which accomplished the necessary reconstructions and made the castle accessible for the people. / Farmers offer in their comfortable domestic „Stuben" (living-room) local specialities and can in this way improve their precarious financial situation (October to December).

Vorhergehende Doppelseite:

St. Ulrich im Grödental mit Blick zum Sellastock, Lang- und Plattkofel. / **Wolkenstein**, die letzte Ortschaft im Tal, zu Füßen des imposanten Sellamassivs. / „Alpenglühen" am **Lang- und Plattkofel**. 3175 und 2964 Meter ragen sie in die Abendwolken. / Die ladinischsprachigen Grödner sind ganz besonders traditionsbewusst. Vielleicht auch deshalb, weil sie eine ethnische Minderheit in Südtirol sind, die wiederum eine Minderheit im italienischen Staat darstellt.

Doppia pagina precedente:

Ortisei in Val Gardena con vista sul Gruppo del Sella, Sasso Lungo, Sasso Lang e Sasso Piatto. / **Selva in Gardena**, l'ultimo paese della valle, ai piedi dell'imponente Massiccio del Sella. / „Barlumi alpini" su Sasso Lungo e Sasso Piatto, rispettivamente 3175 e 2964 metri, che si ergono maestosi tra le nubi della sera. / I gardenesi di parlata ladina sono particolarmente legati alle loro tradizioni. / Forse anche a causa del fatto che sono una minoranza etnica in Alto Adige, che a sua volta rappresenta una minoranza all'interno dello Stato italiano.

Preceding double page:

St. Ulrich in the Gröden Valley with view to the Sella Stock (mountains), **Lang-and Plattkofel** mountain. / Wolkenstein, the last village in the valley, at the foot of the imposing Sella massif. / „Alp glowing" on the **Lang- and Plattkofel** mountain. They elevate 3175 and 2964 metres high in the evening-clouds. / The Ladinic speaking inhabitants of the Gröden Valley are especially tradition-conscious. Probably exactly because they represent the ethnic minority in South Tyrol, which in turn is a minority in the Italian state.

Sanfte Frühlingsstimmung auf der **Seceda** im Naturpark Puez-Geisler und Herbstlicht am **Sellastock**. In den Dolomiten, „Spielfeld" für Jung und Alt, ist kein langer Anmarsch nötig. Hier kann man von den Almwiesen direkt in den Felsen greifen.

Una delicata atmosfera primaverile sul **Seceda** nel parco naturale Puez-Odle e luci autunnali sul **Gruppo del Sella**. Le Dolomiti, un luogo appassionante per grandi e piccini, sono raggiungibili anche con brevi passeggiate. Qui è possibile toccare la roccia con mano, standosene tranquillamente seduti su un bel prato alpino.

Gentle spring atmosphere on the **Seceda** and autumn light on the **Sellastock**. „Playground" Dolomites for young and old ones. No long walk is needed. From the alpine pastures you can directly climb in the cliffs.

Die Dolomiten sind ein faszinierender Klettergarten für Jung und Alt, vorausgesetzt man kann die Gefahren am Berg und die eigenen Fähigkeiten richtig einschätzen. Aufgabe der Erfahrenen ist es, die Jugend bedacht an die senkrechte Welt heranzuführen. Nur so kann man sie ihr vertraut machen, ohne dass sie sich davor fürchtet.

Immer wenn ich hier unterwegs bin, kann ich nur sprachlos staunen, sei es über die Licht- und Schattenspiele an den bleichen Bergen oder über eine zarte Blume, die den Weg säumt, oder ein Murmeltier, das sich aus dem Bau wagt. Die Dolomiten sind in ihrer einzigartigen Schönheit wohl das am meisten fotografierte und dokumentierte Gebirge der Welt. Zu Recht sind von der Südtiroler Landesregierung Bemühungen im Gang, sie als Welt-Naturerbe unter den Schutz der UNESCO zu stellen.

Le Dolomiti sono un paradiso affascinante per grandi e piccoli amanti delle scalate e contemporaneamente un luogo in cui ognuno può testare le proprie capacità. Compito degli esperti è educare i più giovani al rispetto del mondo verticale; solo così infatti glielo si può rendere famigliare, senza che al contempo ne siano spaventati.

Ogni volta che mi trovo qui riesco solo a rimanere estasiato di fronte a tale spettacolo,

sia per i giochi di luce e ombra su queste montagne biancastre, sia per gli esili fiori che costeggiano i sentieri o ancora per gli animali selvatici che si avventurano fuori dalla tana. Con la loro bellezza le Dolomiti sono tra le montagne più fotografate e documentate al mondo. Per tale motivo la Provincia Autonoma di Bolzano si è protesa per la loro nomina di patrimonio naturale mondiale, tentando la tutela naturalistica dell'UNESCO.

The Dolomites are a fascinating climbing wall for young and old ones, provided that you are able to assess your personal capacities. It is a duty of the experienced ones to introduce carefully the youth to the vertical world. Only in this way it is possible to give them confidence and not to let them fear the mountains.

Every time I walk here around I can only marvel aphasically – because of a light or shadow display on the pale mountains or because of a tender flower, which borders the path, or a wild animal which leaves its den.

The Dolomites are in their unique beauty the most photographed and documented range of the world. Rightly the South Tyrolean provincial government makes efforts to put them under the protection of the UNESCO by declaring them world natural heritage.

Ob ein Meer von Krokussen die ausapernden Hänge im Frühling überzieht, wogende Almwiesen im Sommer, klares, kontrastreiches Licht im Herbst oder weiße Pracht die Natur im Winter zum Stillstand bringt – jede Jahreszeit hat in den Dolomiten ihren besonderen Reiz.

Non importa se ad abbellire i pendii delle Dolomiti sono i crochi primaverili, i succosi pascoli alpini d'estate, la chiara e contrastata luce autunnale o la bianca coltre invernale; queste montagne hanno un loro fascino in qualunque stagione dell'anno.

No matter if it is an ocean of crocuses which covers the snow-free slopes, undulant alpine pastures in summer, bright lights full of contrasts in autumn or white magnificence which brings the nature to rest- every season in the Dolomites has its special fascination.

Seceda und Geisler im Winter.
Kletterspiele in luftiger Höhe.
Der Schlern im Hochsommer.
Der Sellastock in herbstlicher Lichtspiegelung.

Seceda e le Odle in inverno.
Arrampicate ad un'altezza vertiginosa.
Lo Sciliar in tarda estate.
Il Sella in autunnali giochi di luce.

Seceda and Geisler mountains in winter.
Climbing games in extreme heights.
The Schlern in high summer.
The Sellastock in autumnal light reflection.

Einziger Gletscher und mit 3343 Metern die Königin der Dolomiten, bietet **die Marmolada** ganzjähriges Skivergnügen.
Die Grödner sind nicht nur erfahrene Berg- und Skiführer mit Weltruhm, sondern auch sehr geschickte Kunsthandwerker.

Hier die Gebrüder Arnold und Oswald Rifesser, Meister ihrer Zunft, vor dem fertigen Relief und bei der groben Formgebung ihrer Arbeit.

Die **Seiser Alm** ist nicht nur die größte Hochebene, sondern wohl auch wegen ihrer vielfältigen Schönheit und des milden Klimas eine der beliebtesten Almen Europas. Weitsichtige und umweltschonende Verkehrspolitik stoppte die Überwanderung und garantiert den Erhalt der Almen als wirkliches Erholungsgebiet.

Harmonisches Landleben bei Seis.
Nächste Doppelseite: *Seiser Alm und der Schlern mit der Euringer- und Santnerspitze (2564 m).*

Unico ghiacciaio delle Dolomiti, la regina delle Dolomiti, ossia **la Marmolada**, con i suoi 3343 metri, offre la possibilità di divertirsi tutto l'anno sugli sci.
I gardenesi non sono solo esperte guide escursionistiche e sciistiche a livello mondiale, ma anche abilissimi intagliatori di legno.

Qui i fratelli Arnold e Oswald Rifesser, maestri della loro arte, davanti ad un rilievo finito e ad un lavoro ancora abbozzato.

L' Alpe di Siusi è amata in tutta Europa non solo per essere l'altopiano più vasto, ma anche per la sua ricca varietà, la bellezza ed il clima mite. Una politica di viabilità lungimirante ed ambientalista impedisce l'arrivo di troppe persone e garantisce contemporaneamente il mantenimento delle malghe come luogo di riposo e di bellezza assoluta.

Armonica vita contadina a Siusi.
Doppia pagina successiva: *La malga di Siusi e lo Sciliar con le cime Euringer e Sandnerspitze (256 m).*

The only glacier and with 3343 metres the queen of the Dolomites **the Marmolada** offers skiing fun the whole year.
The Grödner people are not only experienced mountain-and ski guides with world fame, but even very talented art's craftsmen.

Here the brothers Arnold and Oswald Rifesser, masters of their guild, in front of the finished relief and at the rough shaping of their works.

The Seiser Alp is not only the highest plateau it is even one of the most beloved alps of Europe because of its beauty and mild climate. Farsighted and eco-friendly traffic politics blocked the over-hiking and guarrants the preservation of the alp as real recreation area.

Harmonic country- life in Seis.
Next double page: *Seiser Alp and the Schlern with the Euringer and Sandner Peak (2564 metres)*

Dem Urlauber bietet die Seiser Alm zu jeder Jahreszeit ein Höchstmaß an Genuss und Bewegungsfreiheit. Im Winter sind es viele Kilometer bestens präparierter Langlauf-Loipen und Skipisten, die an die Dolomiten-Superskirunde angeschlossen sind.

Über Rodelwege und Eislaufplätze freuen sich besonders die Kinder, und wer etwas bewegungsfaul ist, lässt sich im Pferdeschlitten durch die winterliche Pracht ziehen.

Etwas abgeschirmt vom größten Rummel, bietet der Berggasthof Zallinger, zu Füßen des Plattkofels, ganzjährige Erholung an. (siehe Kreis).

L'Alpe di Siusi offre ai suoi ospiti in ogni stagione il massimo del benessere e della libertà di movimento. In inverno ciò è garantito da chilometri di piste da fondo e da discesa ottimamente preparate e annesse al comprensorio sciistico del Dolomiten Superski.

Sono soprattutto i bambini a rallegrarsi delle molte occasioni di pattinaggio e di allegra slittata in compagnia; chi è pigro invece potrà farsi trainare dai cavalli, comodamente seduto in calesse tra le meraviglie della natura.

Distante dal grande circo invernale, l'albergo della montagna Zallinger, ai piedi del Sasso Piatto, offre tutto l'anno la possibilità di riprendersi dallo stress quotidiano (vedi cerchio).

The Seiser Alp offers to the holiday makers in every season a maximum of pleasure and freedom of movement. In winter it is transformed in kilometres of well-prepared slopes and cross-country ski runs which are annexed at the Dolomites Superski Tour.

Children especially enjoy sledging slopes and ice-skating rinks and who is a bit lazy enjoys a trip with the sleigh through the winter magnificence.

A bit off the beaten track the mountain inn Zallinger at the foot of the Plattkofel mountain, offers recovery the whole year (see circle).

www.zallinger.com / www.seiseralm.it

Jedes Jahr im Oktober beschert das „Spatzenfest" in Kastelruth einen Massenansturm von Volksmusikfans. Da auch Musik subjektiv empfunden wird, mag diese Art von Volksmusik nicht jedermanns Geschmack sein, auf alle Fälle begeistern die **„Kastelruther Spatzen"** ein Millionenpublikum und hamstern Grand Prix, Goldene Stimmgabeln und was es sonst noch in der Musikszene zu gewinnen gibt. Man sieht es Norbert Rier und seinen Mitstreitern an, dass sie vor Energie nur so strotzen und mit Sicherheit noch mehrere Jahre auch einen großen finanziellen Aufschwung nach Kastelruth bringen werden.

Ad ottobre di ogni anno lo "Spatzenfest" di Castelrotto attira una valanga di fan della musica popolare locale. Poiché la musica è sempre una questione di gusto, questo tipo di musica popolare forse non raccoglierà il consenso di tutti, ma rimane il fatto che il noto gruppo del posto, i "**Kastelruther Spatzen**", vanta un pubblico di diversi milioni di fans e raccoglie con incessante successo un premio musicale dopo l'altro, come il Grand Prix, la "Goldene Stimmgabel" ed altri riconoscimenti della musica popolare. Guardando in faccia Norbert Rier ed i suoi musicisti si intravede quell'energia positiva che li ha resi tanto famosi nell'arco alpino. Siamo sicuri che la loro musica porterà per molti anni ancora una certa notorietà e sviluppo economico a Castelrotto.

Every year in October the „Spatzen festival" in Kastelruth attracts an enormous mass of fans of the folk music. Since music is felt as something subjective, this kind of music may not be everybody's favourite. Nevertheless, the **„Kastelruther Spatzen"**(a very famous local band) fill with enthusiasm millions of people and they collect one prize after the other like the Grand Prix, Golden tuning fork and many other prestigious markings which can be won in the music scene. Norbert Rier and his musicians show through their facial expression their positive energy and for sure they will bring a big financial improvement for many future years to Kastelruth.

Eine besondere Attraktion:
die Kastelruther Bauernhochzeit .

Un'attrazione del tutto particolare:
il matrimonio tradizionale di Castelrotto.

A very special attraction:
the traditional farmer wedding in Kastelruth.

Kastelruth zählt zumindest flächenmäßig zu den größten Gemeinden unseres Landes. Von der Oberfläche nimmt die Seiser Alm den Hauptteil ein. Die sanfte Hügellandschaft um Kastelruth, Seis und Völs am Schlern zählt zu den schönsten und auch vornehmsten Siedlungsgebieten in unserem Land. Diese Natur- und Kulturlandschaft war schon lange vor der Römerzeit besiedelt. Von Letzterer stammt auch die Burg „Castell rotto", von der auf dem Kofel allerdings nicht viel mehr als der Bergfried geblieben ist.

Castelrotto, quanto ad ampiezza dell'area, può vantare di essere uno dei comuni più grandi in provincia. Della superficie complessiva l'Alpe di Siusi prende lo spazio più ampio. Il morbido paesaggio collinare intorno a Castelrotto, Siusi, Fié e lo Sciliar, è considerato dai conterranei uno dei luoghi più esclusivi in cui vivere. Questa natura e questo paesaggio sono stati scelti quali luogo di insediamento molto prima dell'avvento dei romani. Di quest'ultimo periodo storico rimane il „Castell rotto", del quale tuttavia sul colle non rimane che la torre.

Kastelruth, concerning its area, belongs to the largest municipalities of our province. The Seiser Alp covers the main part of its surface. The smooth hilly landscape around Kastelruth, Seis and Völs am Schlern belongs to the most beautiful and even the most exclusive places to live. This nature and this landscape have been settled much longer before the Romans conquered the land. Of this last historic period remains only the damaged castle „Castell rotto", the ruins of the main castle tower.

Dem Dichter und wohl berühmtesten Minnesänger Oswald von Wolkenstein zu Ehren wird schon seit Jahren im Mai/Juni der **Oswald-von-Wolkenstein-Ritt** durchgeführt.
Das inzwischen bereits traditionelle zweitägige Fest zählt zu den Großereignissen und wird in Kastelruth mit dem „Ringelstechen" am Kofel eröffnet. Dann ziehen die Mannschaften mit ihren fein herausgeputzten Haflingerpferden nach Seis, wo im „Labyrinth" geritten wird. Am Völser Weiher gilt es die Hindernisse so schnell wie möglich zu reiten, und vor der Schlosskulisse von Prösels galoppieren die schönen Tiere mit fliegender weißer Mähne um die Torstangen. Alle Teilnehmer reiten in der Tracht ihrer Herkunftsorte – ein wirkliches farbenfrohes Erlebnis.

Per omaggiare l'onore del menestrello più famoso in assoluto, il più volte citato Oswald von Wolkenstein, da anni, a maggio/giugno, si organizza il tradizionale **Oswald-von-Wolkenstein-Ritt**, la cavalcata in onore di Osvaldo von Wolkenstein.
L'ormai consueta festa popolare di due giorni, che tradizionalmente viene aperta con il "Ringelstechen am Kofel" ovvero l'aggancio dell'anello con la lancia a cavallo, un avvenimento atteso e di grande importanza per Castelrotto. Le squadre si recano con i loro ben allenati e preparati cavalli avelignesi verso Siusi, dove poi si cavalcherà nel "Labirinto". Presso il lago di Fié la sfida consiste nel superare nel minor tempo possibile gli ostacoli posti lungo il percorso ed infine, davanti alla grandiosa scenografia del castello di Presule, gli affascinanti cavalli dal lungo crine bianco, galoppano per accaparrarsi la "Torstange", l'asta della porta. Tutti i fantini cavalcano i loro destrieri indossando il tradizionale costume del loro paese – un avvenimento davvero ricco di colore e folclore.

In order to honour the most famous minstrel Oswald von Wolkenstein since many years the well-known traditional **Wolkensteinritt** (ride) is organized in May/June.
The in the meantime traditional become popular festival of two days, which as usual is opened with the „Ringelstechen am Kofel"(catch a ring with a lance), is an attended event of great importance for Kastelruth. The teams proceed with their well-trained and prepared „Haflinger" horses towards Seis, where they have to ride in the „labyrinth". Near the lake Völser Weiher the challenge consists in surmounting the obstacles along the course and finally, in front of the fantastic scenery of Castle Prösels, the fascinating horses with the blond mane gallop around the gates. All riders wear the traditional costume of their village – an event rich of colour and folklore.

Die viel fotografierte St.-Konstantin-Kirche zwischen Seis und Völs mit Blick zum Schlernmassiv.

La nota chiesa di S. Costantino, tra Siusi e Fié, con vista sul massiccio dello Sciliar.

The famous church of St. Konstantin between Seis and Völs with view to the Schlern Massif.

Das weit ausgedehnte, sonnige Hochland zwischen dem Eisacktal und der Seiser Alm bietet in seiner vielfältigen Gliederung ideale Voraussetzungen für ein Siedlungsgebiet. Zudem sind die Seiser Alm und das Schlernmassiv mit den Gemeinden Kastelruth, Völs und Tiers zum Naturpark Schlern erklärt worden, was für Einheimische und Gäste durchaus Einschränkungen bedeutet.

Schloss Prösels mit Blick nach Völs am Schlern. Das Renaissanceschloss ist öffentlich zugänglich und wird für kulturelle Veranstaltungen genutzt.

Völs am Schlern hat als Erholungsort eine lange Tradition. Geben die Bozner Reichen dem Ort auch nicht die Bedeutung ihrer Sommerfrische auf dem Ritten, so schätzen sie doch die landschaftliche Schönheit und die beliebten Heubäder. Bedeutende frühgeschichtliche Funde am Petersbühel beweisen frühe menschliche Siedlungen.

Fronleichnamsprozession in Völs

L'ampio altopiano soleggiato tra la Val d'Isarco e l'Alpe di Siusi offre, nella sua variegata suddivisione, ideali condizioni per un'area di insediamento. Va aggiunto che l'Alpe di Siusi ed il massiccio dello Sciliar, insieme ai comuni di Castelrotto, Fié e Tires, sono stati dichiarati Parco Naturale dello Sciliar, comportando una serie di limitazioni per popolazione locale ed ospiti.

Il castello di Presule con sguardo verso Fié sullo Sciliar. Il castello rinascimentale è accessibile al pubblico e può essere utilizzato per manifestazioni culturali.

Fié allo Sciliar ha una lunga tradizione come luogo di villeggiatura. Anche se le ricche famiglie di Bolzano non danno a questo luogo la stessa importanza per la frescura estiva che dedicano invece al Renon, lo apprezzano ugualmente per la sua bellezza paesaggistica e per gli amati bagni di fieno. Importanti reperti preistorici sul "Petersbühel" testimoniano i primi insediamenti umani.

Processione del Fronleichnam a Fié

The widely extended sunny plain between the Eisack Valley and the Seiser Alp offers perfect conditions for settlements because of its various subdivision. Moreover, the Seiser Alp and the Schlern Massif with the municipalities Kastelruth, Völs and Tiers have been declared Natural Preserve Schlern, which means many limitations for the local people and the visitors.

Castle Prösels with view to Völs am Schlern. The fortified Renaissance castle is accessible for the public and can be used for cultural activities.

Völs am Schlern has got a long tradition as recreation area. Although the rich people of Bolzano don't give the same importance to it as to the summer resort on the Ritten, they appreciate the beauty of the landscape and the pleasant hay baths.
Important pre-historic finds on the Petersbühel (Peter's hill) prove the early human settlements.

Corpus Christy procession in Völs

Südtirol hat nicht gerade viele Badeseen. Der **Völser Weiher** ist einer der höchstgelegenen, wo die Wassertemperaturen den ganzen Sommer über hoch genug sind, um eine kühlende Erfrischung zu genießen. Vor allem aber bietet seine romantische Lage im Wald und ein herrlicher Blick auf den Schlern den Badegästen und Wanderern gleichermaßen fotogene Bilder.
Die Tuffalm kann über einen Forstweg in halbstündiger Wanderung vom Völser Weiher ausgehend erreicht werden. Herrlicher Anblick des Schlerns und Weitblick auf den Ritten und Bozner Talkessel. Die urige Alm (1270 m) wurde vor allem wegen ihrer Familienfreundlichkeit (große Liegewiese, Spielplatz, Streichelzoo) von den „Dolomiten"-Lesern zur schönsten Alm Südtirols gekürt (2007).

www.tuffalm.it

L'Alto Adige non ha molti laghi adatti alla balneazione. Il **lago di Fié** è uno dei più alti, in cui la temperatura dell'acqua rimane per tutta l'estate abbastanza elevata da permettere un rinfrescante bagno estivo. È soprattutto la posizione romantica in mezzo al bosco e la fantastica vista sullo Sciliar però ad offrire sempre al bagnante e all'escursionista foto di straordinaria bellezza. La malga Tuffalm può essere raggiunta con una camminata di mezz'ora a partire dal lago di Fié. Splendida vista sullo Sciliar, mentre in lontananza si intravede il Renon, sopra la conca di Bolzano. La caratteristica malga (1270 m) è stata premiata dai lettori del quotidiano locale "Dolomiten" come la più bella malga dell'Alto Adige (2007), soprattutto per le sue peculiarità particolarmente amate dalle famiglie (ampio prato prendisole, piccolo zoo delle coccole).

South Tyrol has not got many bathing lakes. The **Völser Weiher** Lake is one of the highest in which the water temperature remains on a high level for mostly the whole summer and permits so to take a refreshing bath. But it is mainly the romantic location in the middle of the forest and the fantastic view to the Schlern mountain to offer to the visitors and the excursionists always pictures of extraordinary beauty. The Tuff Alp may be reached after an half-an hour walk, starting from the Völser pond. Wonderful view of the Schlern and in the distance the Ritten is sighted above the valley basin of Bozen. The typical alp (1270 metres) has been chosen (2007) by the readers of the local newspaper „Dolomiten" as one of the most beautiful alps because of the family-friendly atmosphere (big meadow for sunbathing, small stroking-zoo).

Zu einem echten Volksfest und einer Touristenattraktion gestaltet sich der Völser Almabtrieb im Herbst, bei dem auch das leibliche Wohl nicht fehlen darf.

La transumanza autunnale dai pascoli di Fié può considerarsi una vera festa popolare e contemporaneamente anche un'attrazione per i turisti, dove di certo non può mancare un adeguato ristoro.

The cow-jading of Völs can be considered a real folk festivity and at the same time a tourist attraction.

Nächste Doppelseite:
Das ausgedehnte und mächtige Massiv der **Rosengartenspitze** bildet den Mittelpunkt der gesamten Gruppe (2981 m). Ein gesicherter Klettersteig führt von der Paolinahütte quer über die Südwestwand aufsteigend zur Gartlhütte am Fuße der Vajolettürme.

Doppia pagina successiva:
L'ampio ed imponente massiccio della cima del **Catinaccio** è il fulcro dell'intero gruppo (2981 m). Una ferrata ben assicurata porta dalla baita Paolina, trasversalmente sulla parete sud-occidentale, verso il più alto rifugio Re Alberto (Gartlhütte).

Next double-page:
The extended and imposing massif of the **Rosengarten Peak** represents the central point of the whole group (2981 metres). A well-secured climbing-path leads from the Paolina refuge straight across to the south-western wall to the higher Gartl refuge at the foot of the Vajolet Towers.

Die **Vajoletürme** ragen mitten im Herzen der Rosengartengruppe in den Himmel. Die Anhäufung von solch kühnen Turmgestalten ist auch in den Dolomiten ungewöhnlich. Die großartige Schau dieser Felswildnis hat den Ruf der Vajoletürme als einen der interessantesten in den gesamten Dolomiten begründet. / Luftiges Klettervergnügen an den Vajoletürmen. / Spiegelbild der **Rosengartengruppe** im Karersee. Der **Karersee** ist wohl wegen seiner vielen Farben am Seegrund der schönste Bergsee Südtirols. / **St. Cyprian bei Tiers** mit Blick zum Rosengarten.

Le **Torri del Vaiolet** si ergono dal cuore del gruppo del Catinaccio. L'ammasso di torri rocciose così superbe è una rarità anche per le Dolomiti. La vista mozzafiato dell'impervia natura delle Torri del Vaiolet le ha rese le più interessanti costruzioni naturali rocciose dell'intero arco dolomitico. / Divertimento in alta quota sulle Torri del Vaiolet. / Immagine riflessa del **gruppo del Catinaccio** nel lago di Carezza. Il **lago di Carezza** è certamente il più bel lago dell'Alto Adige, grazie alla varietà di colori del suo fondale. / **S. Cipriano presso Tires** con vista sul Catinaccio.

The **Vajolet Towers** elevate in the middle of the Rosengarten Group. The accumulation of such superb tower elements is a rarity even in the Dolomites. The gorgeous spectacle of this rocky wilderness has founded the reputation of the rocks as one of the most interesting. / High altitude fun on the Violet Towers. / Reflected image of the **Rosengarten Group** in the Karer Lake. The **Karer Lake** is probably the most beautiful mountain lake of South Tyrol because of its various colours on the lake ground. / **St. Cyprian near Tiers** with view to the Rosengarten.

Bozen Panorama mit Tschögglberg und Rittner Anhöhen

Panorama di Bolzano con il Tschöggelberg e le alture del Renon.

Bozen, die Landeshauptstadt von Südtirol, umfasst die Talweiten von Eisack, Talfer und Etsch. Mit ihren über 100.000 Einwohner zählenden Bürgern ist sie auch mit Abstand die größte Stadt des Landes. Dann folgen Meran, Brixen, Bruneck, Sterzing, Klausen und Glurns sowie das erst in jüngster Zeit zur Stadt erhobene Leifers.

Der Bozner Talkessel war in vorgeschichtlicher Zeit schon relativ gut besiedelt, wie durch zahlreiche Ausgrabungen und Funde belegt ist. Große Teile der heutigen Stadt entstanden aber erst im zwanzigsten Jahrhundert, wie die großflächige Industriezone mit Flughafen im Süden und größere Wohnviertel an der Peripherie. Wesentlich älter und reizvoller ist noch immer das historische Zentrum der Stadt, auch Altbozen genannt.

Die gute verkehrsgeografische Lage war und ist immer noch das Lebenselixier der Stadt. Hier gabelt sich die Nord-Süd-Verkehrsader in die Reschen- und Brennerroute. So mauserte sich Bozen zum Handelsmittelpunkt am Südhang der Alpen und seit 1927 zur Provinzhauptstadt (Südtiroler Landtag und Landesregierung) und seit 1964 zum Sitz der Diözese Bozen-Brixen. Als treibende Kraft der Wirtschaft wird hier auch alljährlich die internationale Bozner Mustermesse abgehalten. Für den Gast wird wahrscheinlich die Altstadt von primärer Bedeutung sein. Ihre schöne Laubengasse, das bunte Treiben auf dem Obstmarkt, die Museumsstraße, an deren Ende sich das „Ötzi"-Museum befindet, die Klosterkirchen mit ihren Kreuzgängen, der Bozner Dom mit seinem unverwechselbaren filigranen Turm und die vielen Geschäfte rund um das Zentrum. Wer aber wirkliche Bozner Atmosphäre genießen möchte, der wird sich vielleicht in einem Sessel der vielen Freiluftcafés am Waltherplatz zurücklehnen, und den Tagesfluss beobachten.

Bolzano, capoluogo di provincia dell'Alto Adige, comprende la larga conca dell'Isarco, del Talvera e dell'Adige. Con i suoi 100.000 abitanti è molto probabilmente anche la più grande città del Sudtirolo. Seguono Merano, Bressanone, Brunico, Vipiteno, Chiusa e Glorenza, nonché la più giovane delle località promosse a città, Laives.

Numerosi reperti storici dimostrano che la conca di Bolzano vantava un vasto ed antico insediamento già in periodo precristiano. Ampie parti dell'odierna città tuttavia sono state costruite solamente nel XX secolo, come l'ampia area industriale con aeroporto a sud e le grandi aree residenziali nella periferia.

L'ottima posizione di transito fu ed è tutt'ora un vero e proprio elisir di lunga vita per la città. Qui si dirama l'arteria di transito nord-sud delle Alpi, tra il Resia ed il Brennero. Grazie a questa caratteristica Bolzano si è imposta come centro commerciale meridionale delle Alpi e come capoluogo di provincia dal 1927 (con consiglio e giunta provinciale). Dal 1927 Bolzano è anche sede della diocesi di Bressanone-Bolzano. Come forza trainante dell'economia qui si organizza ogni anno la fiera internazionale d'autunno. Probabilmente per il turista la città vecchia è di maggiore interesse rispetto ad altre aree urbane. I suoi bei portici, il colorato movimento del mercato ortofrutticolo, la strada dei musei in cui si trova anche il museo di "Ötzi", la Chiesa del Convento con la sua via Crucis, il duomo di Bolzano con le sue inimitabili torri filigranate ed i molti negozi intorno al centro sono sempre motivo di attrazione ed interesse. Chi però abbia intenzione di respirare vera atmosfera bolzanina non può far altro che godersi un ottimo caffè nei molti bar all'aperto in piazza Walther ed osservare in tranquillità il flusso dei passanti.

Bozen panorama with the Tschöggelberg mountain and the heights of Ritten.

Bozen, the capital of the province of South Tyrol, embraces the valley areas of the Eisack, the Talfer and the Etsch rivers. With over 100,000 inhabitants it is even the biggest town in the country. After it follow Meran, Brixen, Bruneck, Sterzing, Klausen and Glurns as well as the recently to town declared Leifers. Numerous historic finds prove that the valley basin of Bozen was largely settled much before the Christian period. Large parts of the modern town have been built in the 20th century, such as the large industrial area with the airport in the south and the big residential areas in the outskirts. Much older and nicer is still today the historic centre of the town, also called Altbozen (old Bozen). The excellent transit position was and is still today a life elixir for the town. Here bifurcates the north-south traffic artery in the Reschen- and Brenner route. Thank to this characteristic Bozen developed to a commercial centre in the south of the Alps and since 1927 it became the province capital (South Tyrolean District Parliament and District Government) and since 1964 it is seat of the diocese Bozen-Brixen.

Sights in Bozen and surroundings
- Bozen historic centre: Waltherplatz (main place), cathedral, Dominican monastery, fruit-market place, arcades.
- Museum Street, „Ötzi"-Museum, the bridge on the river Talfer, promenade along the river shores and Saint Oswald promenade.
- Benedictine monastery in Muri Gries, Old Parish-Church with the famous Michael Pacher Altar.
- Castle Runkelstein (wonderful frescos of the Middle Age).
- Messner Mountain Museum in Castle Sigmundskron.
- Hiking trips, trips by cable way or by car to the heights around Bozen.

Besondere Sehenswürdigkeiten in Bozen und Umgebung:
- Bozen Altstadt: Waltherplatz, Dom, Dominikanerkloster, Obstplatz, Laubengasse
- „Ötzi"-Museum, Museumstraße, Talferbrücke
- Wassermauerpromenade, Oswaldpromenade
- Benediktinerabtei Muri Gries
- Alte Pfarrkirche mit dem berühmten Michael-Pacher-Altar
- Schloss Runkelstein (sehr schöne mittelalterliche Fresken)
- Messner Mountain Museum auf Schloss Sigmundskron
- Ausflüge zu Fuß, mit Seilbahn oder Fahrzeug auf die Anhöhen rund um Bozen

Particolari attrazioni di Bolzano e dintorni:
- La città vecchia di Bolzano: piazza Walther, il duomo, il monastero domenicano, piazza del mercato, i portici.
- La strada dei musei, il museo di "Ötzi", il ponte sul Talvera.
- La passeggiata lungo Talvera e la passeggiata S. Osvaldo.
- L'abbazia dei benedettini di Muri Gries .
- La vecchia chiesa parrocchiale con il famoso altare dell'artista Michael Pacher.
- Castel Roncolo (bellissimi affreschi medioevali).
- Il Messner Mountain Museum a Castel Firmiano.
- Gite a piedi, con la funivia o con l'autovettura sulle alture intorno a Bolzano.

www.bolzano-bozen.it

Einen sehr schönen Blick auf die Landeshauptstadt genießt man von der Rittner Straße vor allem im Herbst, wenn die Weingärten an den Hängen im hellen Gelb-Rot aufleuchten. / Auf der Höhe von **Schloss Maretsch** *hat man einen herrlichen Blick auf die Altstadt und die Rosengartengruppe. Schloss Maretsch, um 1560 im Renaissancestil umgebaut, dient heute als Ausstellungs- und Tagungszentrum. / Die Marmorstatue des Minnesängers Walther von der Vogelweide markiert den Mittelpunkt von Alt-Bozen. / Nebenan die schöne gotische Domkirche Mariä Himmelfahrt.*

Dalla strada del Renon si gode di un'ottima vista sul capoluogo di provincia. Questo vale soprattutto in autunno, quando sui pendii carichi di uva brillano i colori accesi del rosso e del giallo. / Sulle alture di **Castel Mareccio** *si può godere di un bello scorcio sulla città vecchia e sul gruppo del Catinaccio. Castel Mareccio, ristrutturato in stile rinascimentale nel 1560, ai nostri giorni ospita spesso varie mostre e funge da centro meeting. / La statua in marmo del menestrello Walther von der Vogelweide demarca il centro della piazza della città vecchia di Bolzano. / Accanto il bel duomo gotico di S. Maria Assunta.*

From the road to Ritten a very beautiful view on the capital of the province can be enjoyed, especially in autumn when the vineyards glow in a bright yellow-red on the slopes. / On the height of **Castle Maretsch** *there is a wonderful view on the historic town and the Rosengarten Group. Castle Maretsch, which was restructured in the Renaissance style in 1560, is used today as an exposition and congress centre. / The marble statue of the minstrel Walther von der Vogelweide represents the centre of the old Bozen. / Next to it the beautiful gothic church Mary of the Ascension.*

Bozen Panorama mit Blick zum Rosengarten, Kohlerer Berg und nach Süden in das Unterland.

Bozen liegt im weiten flachen Talboden, in dem die aus dem Sarntal kommende Talfer die Stadt zunächst teilt, bevor sie in den Eisack und dieser in die Etsch mündet. Früher von zahlreichen Wasserläufen durchzogene Sumpf- und Aulandschaft, ist dieser Talkessel dort, wo er nicht verbaut wurde, heute ebenso wie die übrige Etschtalsohle ein ausgedehntes Obstanbaugebiet. Vom Bozner Becken steigen im Osten der Kohlerer Berg (Seilbahnverbindung), im Südwesten die Hänge zu den weiten Hangterrassen des Überetsch, an deren Anfang die mächtige Burgruine Sigmundskron auf einem erhabenen Porphyrfelsen noch das Bild Bozens mitprägt. Im Nordwesten sind es die sonnigen Hanglagen und Hügel mit Reben und Mischwaldbeständen des Tschögglbergs. Den Eingang in die Sarner Schlucht bewacht Schloss Runkelstein und die ehemalige Wasserburg Schloss Ried. Der Kreis um die Stadt schließt sich mit den gerühmten Weinhängen von St. Magdalena.

Panorama di Bolzano con vista sul Catinaccio, Kohler Berg e sguardo a sud, verso la bassa atesina.

La città di Bolzano è sita in un'ampia conca inizialmente divisa dal fiume Talvera, che giunge dalla Val Sarentino prima di confluire nell'Isarco e poi nell'Adige. Originariamente attraversata da molti corsi d'acqua che la rendevano una palude, oggi, dove non sono presenti gli edifici, la conca si è trasformata in un'ampia estensione di vigneti, come del resto l'intera bassa valle dell'Adige. Dalla conca di

Bolzano si può salire da est sul Kohlerer Berg tramite una funivia. A sud-ovest si scorgono le ampie terrazze dell'Oltradige, sui cui pendii si pone maestosa la rovina di Castel Firmiano, abbarbicata sull'imponente roccia di porfido, a caratterizzare l'immagine della città. A nord-ovest sono le soleggiate colline ed i pendii coperti da vitigni ad essere ancora idealmente protette da Castel Roncolo e dall'antico Castel Novale, originariamente bagnato dalle acque del Talvera. L'anello intorno alla città si chiude con i famosi pendii coltivati a vite di S. Maddalena, a cui si giunge provenendo da Renon.

Bozen panorama with view to the Rosengarten, Kohlerer mountain and in the south the lowest part of South Tyrol.

Bozen lies in the wide, flat valley basin divided by the river Talfer which comes from the Sarner Valley before it flows in the Eisack river and later in the Etsch river. In ancient times it was a bog and fertile plains with many small water courses and still today, where there are not buildings, it is as well as the Etsch Valley an extended fruit plantation area. From the Bozner basin in the east the Kohlerer Berg elevates (cable way connection). In the south-east the large slope terraces of the Überetsch can be observed and its slopes are presided by the majestic ruin of Castle Firmian, which determines the landscape picture. In the north-west the sunny hills and the vineyards are protected by Castle Runkelstein and the antique water-castle Ried. The circle around the town closes with the well-known vineyards of Saint Magdalena from where you can leave for Ritten.

In Bozen und Umgebung gibt es nicht nur Burgruinen, Denkmäler und hochkarätige Kunst zu besichtigen; nein – man kann auch mitten in Alt-Bozen vorzüglich ein paar Urlaubstage genießen. Seit 1910 ist das im Jugendstil errichtete Parkhotel Laurin das „erste Haus" am Platze. Offene Cafés und Pubs für einen schnellen Imbiss bieten sich an, die Auswirkungen des mediterranen Klimas ermöglichen es. Bozen ist nicht erst seit gestern ein multikultureller Ort. Über ein Jahrtausend lang ist Tirol eine zweisprachige Region, Mittler zwischen deutschem und mediterranem Kulturraum. Eine gute Verkehrsanbindung hatte der Ort wohl schon seit der Keltenzeit, und römische Feldherren mit ihren Legionen wie römisch-deutsche Kaiser zogen durch Bozen. Die für die Südtiroler traumatische Italianisierungspolitik der Faschisten hatte besonders für Bozen starke Auswirkungen.

Die deutschsprachigen Bozner mussten sich damit abfinden, in ihrer Stadt plötzlich eine Minderheit zu sein. Damals stand unser Land wirklich unter größter Repression. Das Zusammenleben zwischen deutscher und italienischer Volksgruppe funktioniert heute aber besser, als so manche Politiker und Presse, hüben wie drüben, anprangern. Insofern hat mich persönlich das faschistische Siegesdenkmal in Bozen nie berührt.

A Bolzano e dintorni non ci sono da vedere solo castelli in rovina, monumenti ed opere d'arte di altissimo livello: no! – nella Bolzano vecchia è possibile godersi anche un paio di belle e rilassanti giornate di vacanza. Dal 1910 il Parkhotel Laurin è il luogo più rinomato della città. Grazie al mite clima mediterraneo che caratterizza questa zona è altresì possibile mangiare un buon boccone in compagnia degli amici nei vari cafè e pub all'aperto. Bolzano non è un luogo multiculturale di recente data. Da oltre un millennio il Tirolo è una regione bilingue, un luogo di mediazione tra la cultura tedesca e quella mediterranea. Il luogo si è avvantaggiato dell'ottima posizione di transito fin dall'epoca dei celti, dei romani con le loro legioni, nonché del Sacro Romano Impero dei Kaiser tedeschi che attraversarono Bolzano per giungere al sud dell'Europa. La politica di italianizzazione perpetrata dai fascisti durante il Ventennio ha avuto un forte impatto negativo soprattutto per Bolzano. I cittadini di lingua tedesca hanno solo potuto subire passivi il fatto di divenire man mano una minoranza linguistica nella propria città. All'epoca il nostro Paese si trovava davvero schiacciato da

una forte repressione. Tuttavia la convivenza tra i gruppi linguistici oggi funziona molto meglio di quanto affermano politici e stampa dei diversi schieramenti. Di conseguenza il Monumento alla Vittoria fascista di Bolzano non mi ha mai seriamente infastidito.

In Bozen and surroundings there aren't only castle ruins, monuments and high level art to visit – you can even enjoy some wonderful days in the middle of the Bozner historical centre. Since 1910 the Parkhotel „Laurin" is the best hotel. Open cafés and Pubs for a fast snack are quite usual due to the Mediterranean climate. Bozen has not become recently a multi-cultural place. For more than a millennium Tyrol has been a bilingual region, mediator between German and Mediterranean cultures. A good transit position belonged to the town probably since the Celtic period and Roman generals with their legions as well as Roman emperors passed through Bozen. The traumatic Italianisation politics of the Fascists had deep influences especially on Bozen. The German-speaking people of Bozen had to accept to become over night a minority in their own town. At that time our country was under a heavy repression. The living-together between German and Italian group works better today than some politicians and the press from both sides sustain. Therefore the fascistic victory monument in Bozen has never touched me. I am only surprised about the circumstance that so many Italians in Bozen want to preserve this heritage in any way, although many of them were put to death under the fascistic regime.

Sicherlich auch ein Erlebnis: der Bozner Christkindlmarkt am Waltherplatz.

Un'esperienza di sicuro successo: il mercatino di Natale in piazza Walter a Bolzano.

For sure an event too: the Christmas Fair of Bozen on the Walther Place

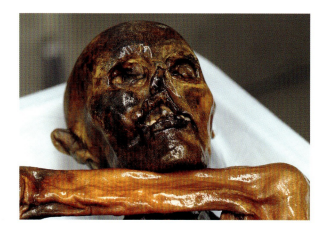

„Ötzi" – Südtirols bekanntester „Bürger" ist über 5000 Jahre alt. Die famose Gletschermumie wurde 1991 am Hauslabjoch (siehe kleiner Kreis oben) unweit der Similaunhütte in den Ötztaler Alpen gefunden. Ein urgeschichtlicher Kriminalfall, der im **Südtiroler Archäologiemuseum** in Bozen ausgestellt ist. Der ökonomische und wissenschaftliche Aspekt dieses Sensationsfundes ist sehr hoch. Der ethische hingegen?

Der Bau von **Schloss Runkelstein** am Eingang des Sarntales reicht zurück bis in das Jahr 1237. Die Gebrüder Vintler aus Bozen erwarben die Burg 1385 und ließen die Räumlichkeiten mit der weltweit größten erhaltenen profanen Freskenmalerei ausstatten.

www.iceman.it

"Ötzi" – il "cittadino" più famoso dell'Alto Adige da oltre 5000 anni. La famosa mummia venuta dai ghiacciai è stata trovata nel 1991 sul Passo di Tisa (cerchio piccolo), non molto lontano dal Rifugio del Similaun (Simulaunhütte) nelle Alpi dell'Ötztal. Un caso criminale di carattere preistorico, mostrato al pubblico nel **museo archeologico dell'Alto Adige**. L'aspetto economico e scientifico di questo ritrovamento è molto significativo. L'aspetto etico invece...

La costruzione di **Castel Roncolo**, sulle rocce di porfido all'entrata della Val Sarentino, risale al lontano 1237. Il castello nacque in seguito alle tensioni tra l'imperatore Federico II e l'allora vescovo di Trento. I fratelli Vintler di Bolzano acquistarono il castello nel 1385 e fecero impreziosire i suoi interni con gli affreschi profani più estesi del mondo, ancora oggi visibili.

"Ötzi" – the most famous citizen of South Tyrol is over 5000 years old. The popular glacier mummy was found in 1991 on the Hauslabjoch (see the circle) not far away from the Similaun refuge in the Ötztaler Alps. A prehistoric criminal case which is exposed in the **South Tyrolean Archaeology Museum**. The economic and scientific aspect of this sensational find is very high. But the ethic aspect?

The construction of **Castle Runkelstein** on a porphyry rock at the entrance of the Sarner Valley goes back to the year 1237. The castle was built after some tensions between Emperor Friedrich II and the Bishop of Trient. The Vintler brothers of Bozen purchased the castle in 1385 and let the rooms be decorated with the worldwide biggest profane frescos.

Auseinandersetzung Mensch – Berg. Das Herzstück des „**Messner Mountain Museums**" Firmian auf **Schloss Sigmundskron** bei Bozen nennt Reinhold Messner den „verzauberten Berg". In einem Rundgang werden Bilder der berühmtesten Gipfel gezeigt, und auf dem „Tanzplatz der Götter" thronen geheimnisvolle Figuren aus verschiedenen Gebirgsregionen der Erde. Bevor das stark renovierungsbedürftige Schloss im Jahre 2005 als Museum zugänglich gemacht werden konnte, hatte der neue Schlossherr allerdings viele Hindernisse zu bewältigen, in deren Substanz es eigentlich nur darum ging, „Reinhold Messner" am Bozner Kaiserberg zu verhindern. Was er aber aus der Schlossruine und deren Umfeld gemacht hat, ist absolut sehenswert.

www.messner-mountain-museum.it

Contrapposizione uomo – montagna. Il cuore del "**Messner Montain Museum**" presso **Castel Firmiano**, dedicato alla montagna ed ideato e realizzato da Reinhold Messner, si intitola "la montagna incantata". In un percorso circolare sono state installate immagini delle vette più famose al mondo e sulle "cime degli Dei" siedono maestose misteriose figure provenienti da tutte le parti del pianeta.

Prima che nel 2005 il castello fu reso accessibile al pubblico con finalità di museo, Castel Firmiano fu notevolmente ristrutturato dal curatore del castello. Messner ha dovuto superare molti ostacoli, ma il più grande rimase inizialmente l'ostilità delle autorità locali intenzionate a impedirgli di occupare questo sancta sanctorum bolzanino. Ciò nonostante quello che Reinhold Messner è riuscito a fare con la rovina di questo castello vale sicuramente una visita.

Confrontation human-mountain: it is the main focus in the „**Messner Mountain Museum**". Firmian on the **Castles Sigmundskron**, realised and ideated by Reinhold Messner, is entitled the „enchanted mountain". In a circular course you can see images of the most famous peaks and on the dancing floor of the gods there are mysterious figures of different mountain areas all over the world. Before being accessible as museum in 2005 the castle had to be renovated, but the new owner had to overcome many obstacles, which only had the purpose to hinder „Reinhold Messner" at the Bozner Kaiserberg. But what he did with the castle ruin and its surroundings is absolutely worth seeing.

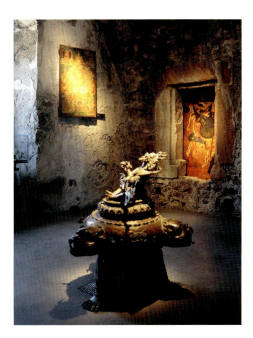

St. Magdalena bei Bozen.
Typische Weinhöfe bzw. Weiler, die sich um ein Kirchlein drängen.

St. Magdalena bei Bozen mit Blick zum Rosengarten. Es mag auch in Südtirol einiges nicht schön sein und nicht alles zum Besten stehen. Aber wo sonst bieten sich solche Anblicke? Schneebedeckte Dolomitengipfel und darunter sonnige Weingärten. Es sind gerade diese extremen Gegensätze, die unserem Land den Ruf der Einzigartigkeit bestätigen.

S. Maddalena presso Bolzano.
Tipici masi e vitigni o borghi che si cingono intorno alla chiesetta centrale.

S. Maddalena presso Bolzano con vista sul Catinaccio. È possibile che in Alto Adige non tutto sia bello e non tutto possa essere considerato perfetto, ma in quale altro luogo è possibile ammirare un tale splendore? Cime dolomitiche ricoperte dalla bianca coltre della neve e al di sotto vigneti al sole. Sono queste estreme contrapposizioni che hanno reso il nome dell'Alto Adige famoso in tutto il mondo.

St. Magdalena near Bozen.
Typical wine farms or hamlets, which twine around the church.

St. Magdalena near Bozen with view to the Rosengarten. It is possible that in South Tyrol not everything is beautiful and not everything can be considered perfect, but where else are such views offered? Snow-covered Dolomites peaks and sunny vineyards. Exactly these extreme contrasts give to our country the reputation of being unique.

Gegenüber dem Schlernblock, durch das hier schluchtartige Eisacktal getrennt, erhebt sich der **Rittner Berg** mit seinen herrlichen Hochebenen. Es ist nicht nur die bevorzugte Sommerfrische betuchter Bozner, sondern auch große Künstler und internationaler Adel kamen und kommen immer noch gerne hierher.

Di fronte al massiccio dello Sciliar, distaccato dalla stretta Val d'Isarco, si erge maestoso il **Renon** con i suoi splendidi altopiani. Non è solo la Bolzano raffinata che ama godersi qui la frescura estiva. Spesso infatti questo luogo ha ospitato anche grandi artisti e persone di fama internazionale dal sangue nobile.

In front of the Schlern block, divided by the gorge-like Eisack Valley, the **Rittner** mountain elevates with its wonderful plateaus. It is not only the preferred summer resort of the rich people of Bozen, but even of famous artists and members of the international nobility came and come with delight to Ritten.

*Die **Rittner Erdpyramiden** mit dem **Weiler Mittelberg**. Im Westen fällt der Rittner Bergrücken in das Sarntal und Durnholzer Tal ab. / **Der Durnholzer See.** / Fronleichnamsprozession in Durnholz, Ausdruck gelebter Frömmigkeit oder einfach nur Tradition.*

*Le **piramidi di terra del Renon** con il **borgo Monte di Mezzo**. / Ad ovest la dorsale del Renon converge nella Val Sarentino e nella Valdurna. / Il **lago di Valdurna**. / La processione del Corpus Domini, simbolo di viva devozione o semplice tradizione.*

*In the picture the **earth pyramids of Ritten** with the **hamlet Mittelberg**. / In the west the ridge of the Ritten mountain descends in the Sarner Valley and the Durnholz Valley. / The **Durnholz Lake** Corpus Christy procession, as expression of lived piety or simply tradition.*

Es wird wohl kein Land geben, wo auf so engem Raum so viele Schlösser, Burgen und stattliche Ansitze gebaut wurden wie im **Überetsch**. Zeugen von Wehrhaftigkeit, Schönheit und Reichtum des Landes.

Schloss Warth, Schloss Korb, Ruine Boymont auf dem Hügel darüber und **Burg Hocheppan**; alle an der Südtiroler Weinstraße gelegen. / Im Meer von Reben, die Ortschaft **Missian** mit Blick in die Bozner Talweite und auf das Schlernmassiv.

Nächste Doppelseite:
Blick vom Schloss Korb in Richtung **St. Pauls**. *Zweifelsohne die schönste und reichste Kultur- und Flurlandschaft Südtirols.*

É difficile trovare un altro luogo al mondo in cui siano stati costruiti tanti castelli, fortezze e residenze nobili come nell'Oltradige. Essi ancora oggi rappresentano la tenacia nella difesa, la bellezza e contemporaneamente anche la ricchezza di quest'area.

Castel Guardia, *Castel Corba*, le rovine di *Castel Boymont* sul colle sovrastante e *Castel d'Appiano*; tutti sulla strada del vino altoatesina. / Immerso in un mare di vigneti, la località di *Missino*, con vista sull'ampia conca di Bolzano, ed il massiccio dello Sciliar.

Doppia pagina successiva:
Vista da Castel Corba in direzione di **S. Paolo**, *senza dubbio il più bello e ricco paesaggio naturale e culturale dell'Alto Adige.*

It is very difficult to find another place on the world where so many castles, fortresses and noble residences were built in such a concentration as in Überetsch. Still today they represent the tenacity in defence, the beauty and at the same time the richness of this area.

In the picture **Castle Warth**, **Castle Korb**, the **Boymont ruin** on the hill above and below the **Castle Hocheppan**; all are situated along the South Tyrolean wine-road. / In an ocean of vineyards, the village **Missian** with view to the large Bozner valley basin and the Schlern massif.

Next double page:
View from Castle Korb in direction of **St. Pauls**. *Without doubt the most beautiful and richest plain and cultivated area of South Tyrol.*

Das **Etschtal** mit Blick zur **Texelgruppe** über Meran. / Der stattliche Ansitz Kreith von Eppan./ Der große **Montiggler See**. (Unmittelbar darüber, im Mischwald verborgen, gibt es auch einen kleinen). / Die Fauna in den herrlichen Mischwäldern um Montiggl.

La **Val d'Adige** con sguardo sulla **giogaia del Tessa** sopra Merano. / La residenza nobile di Kreit di Appiano. / Il grande **lago di Monticolo** (immediatamente sopra, nascosto tra il variegato bosco, vi è anche un più piccolo lago di Monticolo). / La fauna nei boschi intorno a Monticolo.

The **Etsch Valley** with view to the **Texel Group** above Meran. / The imposing residence Kreith of Eppan. / The big **Montiggler Lake** (immediately above hidden in the mixed forest there is a small one too). / Fauna in the wonderful mixed forest around Montiggl.

Vom berühmten Weinort **Kaltern** führt die Weinstraße in leichtem Gefälle zum gleichnamigen See hinab. Die Mischwälder am Mitterberg trennen das Überetsch vom Etschtal dahinter (auch Bozner Unterland genannt). / **Kurtatsch**, eines der südlichsten Dörfer Südtirols; auch hier Obst- und Weinanbau so weit das Auge reicht. / Wegen des extrem schwierigen Zugangs ist die **Haderburg** bei **Salurn** eine der kühnsten Burganlagen in Tirol. / Biotop bei Castelfeder.

Dalla famosa località vinicola di **Caldaro** la strada del vino porta, leggermente in discesa, verso l'omonimo lago. I boschi misti di Montemezzo dividono l'Oltradige dalla retrostante Val d'Adige (chiamata anche "la Bassa di Bolzano"). / **Cortaccia**, uno dei paesi più a sud dell'Alto Adige. Anche qui frutteti e vigneti ovunque si guardi. / A causa del difficile accesso al castello, **Haderburg** presso **Salorno** è considerata la più temeraria fortificazione del Tirolo. / Biotopo presso Kastelfeder.

From the famous wine village **Kaltern** the wine road leads with a smooth descent to the lake of the same name. The mixed forests of the Mittelberg divide the Überetsch from the posterior Etsch Valley, also called Unterland of Bozen. / **Kurtatsch**, one of the most southern villages of South Tyrol; also here fruit orchards and vineyards as far as the eyes can see. / Because of the extremely difficult access the Hader Castle near **Salurn** is one of the most audacious castle constructions of Tyrol. / Biotope near Castelfeder.

*Das gesamte **Bozner Unterland**, von Salurn im Süden bis zum Bozner Talkessel im Norden. Links im Vordergrund die Hügel von Castelfeder, vielleicht eines der ältesten Siedlungsgebiete am Alpenhauptkamm. Am Horizont der Mendelrücken.*

Mit Südtirols mildestem Klima kann sich die **Weinlandschaft Überetsch** brüsten, dort gedeihen nämlich mehrere Arten mediterraner Pflanzen. In den Dörfern wie Eppan, Kaltern, Tramin und Kurtatsch ist man für den Ansturm sonnenhungriger Touristen bestens gerüstet. Sommertourismus, um es klarzustellen, denn im Winter läuft dort wenig oder gar nichts. Südtirols Skigebiete liegen nördlicher, am Alpenhauptkamm.

Die drei Regionen Überetsch, Unterland und deren Bergdörfer teilen sich einen objektiv kleinen Raum: Von Bozen im Norden bis Südtirols Südgrenze bei Salurn sind es keine 40 km, an der breitesten Stelle – zwischen dem Roen im Westen und dem Weißhorn im Osten – gerade mal die Hälfte. Es ist aber nicht nur Tourismus, der dem Überetsch und Unterland Wohlstand bringt. Südtirols edler Rebensaft findet europaweit guten Absatz, und die Apfelproduktion ist qualitativ und quantitativ weltweit die größte.

Ein von Natur so gesegnetes Land, das nicht nur von Menschenhand Geschaffenes zum Erstaunen bringt. Die Bletterbachschlucht bei Aldein ist ein wahres Geologiemuseum unter freiem Himmel. Der GEO-Weg im Canyon führt auf die „Spuren der Saurier", die dort in allen Größen versteinerte Abdrücke hinterlassen haben.

*L'intera **Bassa Atesina**, da Salorno a sud alla conca di Bolzano a nord. A sinistra, in primo piano, le colline di Kastelfeder, forse uno degli insediamenti più antichi del crinale alpino. All'orizzonte la dorsale del Mendola.*

Il paesaggio caratterizzato dai **vigneti dell'Oltradige** può vantarsi di avere il clima più mediterraneo dell'intero Alto Adige. Qui infatti crescono numerose piante di origine mediterranea. I paesi di Appiano, Caldaro, Termeno e Cortaccia sono preparati al meglio per l'ondata di turisti in cerca di sole e benessere, che ogni estate convergono in queste zone. Di contro l'inverno riserva loro ben poche attrazioni. Le aree sciistiche dell'Alto Adige sono a nord, sui pendii del crinale alpino. Le tre regioni date dall'Oltradige, dalla Bassa Atesina e dai loro paesini di montagna si dividono un'area rela-

tivamente piccola. Da Bolzano fino ai confini dell'Alto Adige a nord e verso Salorno a sud, sono meno di 40 km e l'area più ampia, tra il Monte Roen ad ovest e il Corno Bianco ad est, raggiunge a malapena una larghezza di 20 km. Non è solamente il turismo che porta benessere economico a quest'area. Il vino qui prodotto ha portato notorietà in tutto l'Alto Adige e in tutta Europea. Anche la locale produzione di mele è qualitativamente e quantitativamente la più alta a livello mondiale. Un luogo benedetto dalla natura, che riesce a sorprendere il visitatore non solo per le opere costruite dall'uomo. La gola del Rio di Ora presso Valdagno, ad esempio, è un vero e proprio museo geologico a cielo aperto: il sentiero geologico attraverso un canyon Vi porterà sulle "tracce dei sauri", che qui hanno lasciato le loro imponenti impronte.

*The complete **Unterland of Bozen**, from Salurn in the south to the valley basin of Bozen in the north. On the left in foreground the hills of Castelfeder, perhaps one of the oldest settlements on the alpine crest and on the horizon the Mendel ridge.*

The landscape of the **Überetsch**, characterized by the vineyards, can boast itself to have the mildest climate of South Tyrol. Here grow many original Mediterranean plants. The villages Eppan, Kaltern, Tramin, Kurtatsch are well-prepared to host the wave of sun-loving tourists who come every year. In winter the area falls in a deep sleep. The skiing areas are in the north, on the alpine crest.
These three regions Übertetsch, Unterland and their mountain villages share a relatively small area. From Bozen in the north to the borders of South Tyrol near Salurn in the south the area is less than 40 kilometres and the largest area, between the Mount Roen in the west and the White Horn in the east, reaches only 20 kilometres. But it is not only tourism that brings financial welfare to the area. The here produced wine has given popularity to all South Tyrol at European level. Furthermore the apple production here is, concerning quality and quantity, the highest of the world.
It is a place blessed by nature which surprises the visitor not only with the constructions built by man. The gorge of Aldein is a real open-air geology museum. The GEO-path in the canyon will bring you „on the traces of the dinosaurs" which here left their imposing prints.

Von **Toblach** zweigt gen Süden das Höhlensteintal ab, das über Cortina d'Ampezzo nach Belluno und in das Veneto führt. Im Bild der idyllische Toblacher See.

Vorhergehende Doppelseite:
Das **Fischleintal bei Sexten** und die Fischleinböden mit den markanten Felsformationen der Sextner Dolomiten. **Sexten**, der Hauptort, im gleichnamigen Tal. Florierender Sommer- wie Wintertourismus nebst Agrarwirtschaft bescheren dem Ort relativen Wohlstand.

A sud di **Dobbiaco** si distacca la Val di Landro, la quale, attraverso Cortina d'Ampezzo, porta a Belluno e nel Veneto. Un'immagine dell'idilliaco lago di Dobbiaco.

Doppia pagina precedente:
La **Val Fiscalina** presso Sesto e le piane della Fiscalina con le sue marcate formazioni rocciose delle Dolomiti di Sesto. **Sesto** è il capoluogo dell'omonima valle. A contribuire al relativo benessere di questo luogo un turismo estivo in crescita ed una stagione invernale ormai consolidata. Accanto a ciò un'ottima agricoltura.

From **Toblach** in southern direction the Höhlenstein valley turns, which leads through Cortina d'Ampezzo to Belluno and Veneto. In the picture the idyllic Toblacher Lake.

Previous double-page:
The **Fischlein Valley** near Sexten and the Fischleinböden with the singular rock formations of the Dolomites of Sexten. **Sexten**, the main village in the same named valley. Flourishing summer and winter tourism as well as agriculture procure to the village a relative welfare.

Die **Drei Zinnen**, die wohl markantesten und auch bekanntesten Felstürme der Dolomiten, bilden gleichzeitig Südtirols Grenze zu Belluno. Waghalsige Bergsteiger aller Alpenregionen haben hier im vorigen Jahrhundert Alpingeschichte geschrieben.

Le **Tre Cime di Lavaredo**, probabilmente le formazioni rocciose a torre più conosciute delle Dolomiti. Esse rappresentano tuttavia anche il confine tra Alto Adige e provincia di Belluno. Temerari scalatori delle regioni alpine hanno scritto qui sempre più estremi capitoli della storia dell'alpinismo nel secolo passato.

The **Three Peaks**, the most famous and most impressive rock towers in the Dolomites and they form the South Tyrolean border to Belluno. Brave climbers of all alp regions wrote alpine history in the last century.

*Der **Pragser Wildsee** mit der gleichnamigen Hotelanlage aus der Vogelperspektive vom Seekofel (2789 m) und von unten, im Naturpark Fanes-Sennes-Prags.*

*Il **Lago di Braies** con l'omonimo complesso alberghiero visto dall'alto del Monte del Lago e dal basso del Parco Naturale Fanes-Sennes-Braies.*

*The **Pragser Wild Lake** with the same named hotel complex seen from the bird perspective from the Seekofel (2789 metres) and below the Natural Preserve Fanes-Sennes-Prags.*

*Blick vom **Misurinasee** (liegt bereits in Belluno) zu den Südwänden der Drei Zinnen (2999 m). Wer zu diesen Bergen im **Sextner-Dolomiten-Naturpark** will, benutzt die mautpflichtige Privatstraße ab diesem See. Der Bergwanderer bevorzugt vielleicht den Anmarsch vom Dürrensee über das Rienztal zur Drei-Zinnen-Hütte (2405 m).*

*Vista dal **lago di Misurina** (sito già nel bellunese) fino alle pareti meridionali delle Tre Cime di Lavaredo (2999 m). Chi volesse raggiungere queste montagne all'interno del **Parco Naturale delle Dolomiti di Sesto** deve transitare sulla strada privata a pedaggio a partire da questo lago. L'escursionista forse preferisce il percorso dal Lago Durra, attraverso la Val di Rienza fino al Rifugio Tre Cime (2405 m).*

*View from the **Misurina Lake** (part of Belluno) to the south walls of the Three Peaks (2999 metres). Who wants to go to these mountains in the **Sextner Dolomites Natural Preserve** has to use the private toll-road which starts from the lake. The hiker probably prefers the walk from the Dürren Lake across the Rienz Valley to the Three Peaks refuge (2405 metres).*

*Die Ortschaften **Pichl und St. Martin im Gsieser Tal**. Der Laferhof in St. Magdalena. Bis vor wenigen Jahrzehnten war es üblich, auf den Höfen eigenes Brot zu backen.*

Unten links: Der Haspingerhof, ebenfalls in St. Magdalena, war Geburtsort von Pater Haspinger, einem der hitzigsten Mitstreiter von Andreas Hofer. Heute werden die kargen Erträge der Landwirtschaft durch Zimmervermietung an Urlauber etwas aufgebessert. info@haspingerhof.com

*La località di **Colle e S. Martino di Casies**. Il maso Laferhof a S. Maddalena di Casies. Fino a pochi decenni fa era uso cuocere il pane all'interno del maso stesso.*

A sinistra in basso: Il maso Haspingerhof, anch'esso a S. Maddalena di Casies, fu il luogo natio del famoso parroco Haspinger, uno dei più fervidi combattenti al fianco di Andreas Hofer.

The villages **Pichl and St. Martin in the Gsieser Valley**. *The Lafer Farm in St. Magdalena. Some decades ago it was usual to bake the own bread on the farms.*

Below on the left side: *The Haspinger Farm, also in St. Magdalena. It was the birthplace of priest Haspinger, one of the most hot-tempered supporters of Andreas Hofer.*

Rühmliches lässt sich vom **Gsieser Tal** berichten, und das gerade, weil es noch ziemlich unbekannt ist. Mit Sicherheit zählt es zu Südtirols schönsten Seitentälern, in denen noch viele alte Bauernhöfe erhalten sind, vor allem sogenannte Paarhöfe, bei denen Wohnhaus und Futterhaus getrennt sind. Es ist ein relativ weites Tal mit den Dörfern Außer- und Innerpichl, St. Martin und St. Magdalena am Talschluss.

Das Gsieser Törl, das den Übergang ins österreichische Defereggen (Osttirol) bildet, ist über einen leichten Wanderweg erreichbar, an dem es mehrere bewirtschaftete Almhütten gibt. Das grüne Tal mit kleinen Dörfern, Weilern und vielen Einzelhöfen an den sanft ansteigenden, bewaldeten Bergen, erfreut sich eines „sanften" Tourismus. Da hier Mega-Infrastrukturen fehlen, kommen vor allem Menschen, die wirkliche Ruhe suchen und sie auch finden. Vielleicht als Urlauber am Bauernhof, verbunden mit Wanderungen auf die Hochalmen und zu den Bergseen.

Dalla **Val Casies** arrivano sempre nuove notizie, soprattutto perché l'area è ancora relativamente sconosciuta. Di sicuro è una delle valli laterali più belle dell'Alto Adige, in cui si possono ancora trovare molti masi antichi, ben tenuti e soprattutto molti "Paarhöfe", masi in cui l'abitazione ed il fienile con stalla si trovano in due edifici separati. La Val Casies è una valle abbastanza ampia, che ospita le località di Colle di Fuori, Colle di Dentro, S. Martino in Casies e, nel finale di valle, S. Maddalena. La forcella di Casies, che permette il passaggio

nel Defereggen austriaco (Tirolo orientale), è raggiungibile con una facile camminata. Qui si possono trovare molte malghe gestite che offrono ristoro ai passanti. La verde valle con i suoi piccoli paesi, borghi e masi isolati, dolci alture e fitti boschi si avvantaggia di un turismo lieve e naturalistico. Mancando le grandi infrastrutture, il luogo è frequentato soprattutto da chi cerca vero relax e tranquillità, magari trascorrendo le vacanze direttamente a casa di un contadino, sfruttando gli agriturismi e godendosi le molte escursioni verso le malghe in montagna e presso i laghi alpini.

Very interesting things can be told about the **Gsies Valley** and exactly because the valley is not that known yet. For sure it belongs to the most beautiful side valleys of South Tyrol, where still many old farms exist, especially pair farms, which have the house and the forage house separated. It is a relatively broad valley with the villages Außer-and Innerpichl, St. Martin and St. Magdalena at the end of the valley. The Gsieser Gate, which forms the passage to the Austrian Defereggen (East Tyrol), is accessible by an easy way, along which there are many managed refuges. The green valley with the small villages, hamlets and singular farms on the gently ascending and forestry mountains is exposed on a "soft tourism". Mega structures are not present, so only people who search real silence come here and find it here.

Maybe as holiday maker on a farm with many hiking trips on the alpine pastures and to the mountain lakes.

www.gsieser-tal.com

Wer etwas von Landwirtschaft versteht, sieht es diesen Menschen und Tieren an, dass sie nach den Sommermonaten auf der Alm gestärkt auf ihre Höfe im Tal zurückkehren.

Chi ha conoscenze in campo agricolo capisce molto presto che queste persone ed il loro bestiame ritornano nei masi a valle, dopo i mesi trascorsi in tranquillità nei pascoli di alta montagna, alquanto rinforzati.

The ones who are connoisseurs of agriculture notice that these people and animals after the summer months on the alp return strengthened to the farms in the valley.

Für die Bergbauern am Alpenhauptkamm war – und ist immer noch – die Almwirtschaft eine wesentliche Grundlage für den Bestand ihrer Höfe. Reichten die Futtererträge auf den Feldern in den Talsohlen nicht aus, so begannen sie auch die Bergwiesen über der Baumgrenze für ihre Rinder, Ziegen und Schafe zu nutzen.

In der Folge wurden viele Almhütten errichtet, die über die Sommermonate von einem Senner oder einer Sennerin bewirtschaftet wurden. Täglich brachten sie frische Milch und Butter zu Tal und schleppten andere Nahrungsmittel bergauf. Zur Zeit der Heumahd (Juli/August) kam dann oft die ganze Familie auf den Berg. Die Voraussetzung einer solchen Arbeitsstruktur war der reiche Kindersegen. Bereits in den siebziger und achtziger Jahren (Pillenknick) drohten die Almen wegen der fehlenden Arbeitskräfte zu verkommen. Zum Glück wurden die negativen Auswirkungen von den Landesregierungen erkannt und konnten durch finanzielle Unterstützung der Bauern und Errichtung befahrbarer Forstwege bis zu den Almhütten weitgehend verhindert werden.

Per i contadini del crinale alpino è stata ed è tutt'ora di vitale importanza l'agricoltura in malga. Un elemento fondamentale per l'esistenza dei loro masi. Se il foraggio per il bestiame veniva a mancare a fondovalle, allora si poteva essere certi che i pascoli in alta montagna, oltre il margine del bosco, potevano ancora nutrire le vacche, le pecore e le capre.

Di conseguenza vennero create molto malghe, gestite durante i mesi estivi da un "Senner" (malgaro) e da una "Sennerin", l'equivalente femminile. Queste due figure portavano quotidianamente latte e burro fresco verso valle e generi alimentari in malga. Durante il periodo del taglio del fieno, tra luglio ed agosto, il pascolo in alta montagna era frequentato da tutta la famiglia del contadino. Fondamentale per un ordine lavorativo così strutturato è la presenza di molti figli. Ma già a partire dagli anni settanta ed ottanta, il sistema economico basato sulle malghe venne messo in crisi dall'introduzione della pillola anticoncezionale, che causò mancanza di prole numerosa che potesse aiutare in questo duro lavoro di montagna. Per fortuna le conseguenze negative di questa evoluzione sociale vennero ben presto recepite dall'amministrazione provinciale, che si è pertanto impegnata a finanziare con ingenti contributi la realizzazione di strade e sentieri boschivi per facilitare l'accesso alle malghe altoatesine con i mezzi motorizzati.

For the farmers on the alpine crest agriculture was- and it is still today- a determinant basis for the existence of their farms. If the forage of the fields in the valley was not enough they used the mountain meadows above the timberline for their cattle, goats and sheep.

Because of these many alp huts were built, which were managed during the summer months by a dairyman-dairywoman. Daily they brought fresh milk and butter to the valley and dragged other food uphill. When the hay was mowed (July/August) the whole family came to the mountain. The prerequisite of such a working structure was a rich child blessing. Already in the 70ties and 80ties (pill bend) the alps were endangered to deprave because of the missing workers. Luckily the negative effects were recognized by the regional government and could be widely avoided by financial support of the farmers and the construction of drivable forestry roads which even reach the alp huts.

Der rasante Wandel in der Gesellschaft und Familienstruktur der letzten Jahrzehnte hätte also das „Aus" für viele Bergbauern, ja wenn nicht gar für so manches Bergdorf bedeutet. Die alten Strukturen erwiesen sich als nicht mehr lebensfähig, und so musste neu organisiert und vieles umgestellt werden. Durch die Motorisierung kamen die ersten Urlauber zur „Sommerfrische" auch in die entlegenen Bergregionen, und was sich im Sommer als vorteilhaft erwies, sollte bald auch im Winter nicht fehlen. In der Euphorie florierender Geschäfte plante man, das **Gsieser Törl** für den Verkehr zu erschließen und somit eine „fließende" Grenzüberschreitung nach Osttirol zu schaffen. Zunächst haben sich aber jene durchgesetzt, die dieses ruhige Tal für einen sanften Tourismus vermarkten wollen. Eine ausgewogene Politik also, die sowohl auf notwendige Erschließung sowie auch auf die Erhaltung des ökologischen Gleichgewichts abzielt. Nach Gsies kommen also vorwiegend Gäste, die eine schöne, ruhige Langlaufloipe oder eine Bergwanderung irgendeinem Megaspektakel vorziehen. /

Il veloce mutamento sociale e familiare degli ultimi decenni avrebbe determinato la fine di qualche maso contadino e forse addirittura di alcuni paesini di montagna. Le vecchie strutture si erano infatti dimostrate non più autosufficienti e quindi urgeva una nuova organizzazione del mondo contadino di montagna. Grazie all'avvento della motorizzazione i primi vacanzieri giunsero ben presto a godersi fresche estati in Alto Adige. Anche le regioni alpine più distanti potevano essere facilmente raggiunte con l'auto. Quello che divenne un

turismo estivo si trasformò ben presto, con le necessarie strutture, anche in un turismo invernale. Nell'euforia di un'economia in espansione si pensò di aprire al traffico la **Forcella di Casies**, per garantire un dinamico passaggio di merci e persone al di là della frontiera verso il Tirolo orientale. Intanto però si sono imposti coloro che esigono un turismo più leggero, basato su canoni di sviluppo sostenibile. Una politica quindi che si basi sul mantenimento di un equilibrio tra economia ed ecologia. La località di Casies pertanto si presta particolarmente a coloro che vogliono godersi una pista di sci da fondo in assoluta tranquillità, un'escursione in ogni stagione dell'anno, piuttosto che a coloro che vogliono vedere mega spettacoli da pura attrazione turistica. /

The rapid change in society and in the family structure of the last decades would have meant the end for many mountain farmers if not even for many mountain villages too. The old structures turned out not to be able to survive and so many new things had to be reorganized and substituted. Thank to the motorization the first tourist came to enjoy the summer resort, even in remote mountain regions. And what was quite advantageous in summer shouldn't be missed in winter. In the euphoria of the flourishing trades the **Gsieser Törl** should be made accessible for the transit and so create a fluent border passage to East Tyrol. But for the time being those people prevailed who want to merchandize this valley for a soft tourism. Sane politics which base their principles on the goals of necessary development and preservation of the ecologic balance are adopted.

Rasen mit Blick zur **Riesenfernergruppe** *am Talende.*

Wildgehege am **Antholzer See**. *Der Antholzer See ist durch Murenabgänge entstanden und zählt zu den schönsten Bergseen der Alpen.*

Rasun con vista sul **gruppo delle Vedrette di Ries** *a fine valle.*

Riserva naturale presso **il lago di Anterselva**. *Il lago di Anterselva si è formato a causa delle frane ed è considerato uno dei più bei laghi montani dell'intero arco alpino.*

Rasen with view to the **Riesenferner Group** *at the end of the valley.*

Deer park at the **Antholzer Lake**. *The Antholzer Lake was created because of mudslides and belongs to the most beautiful lakes in the Alps.*

www.rasen.it

Weiter westlich, parallel zum Gsieser Tal, zieht sich das **Antholzer Tal** von Rasen nach Nordosten bis hinauf zu den Dreitausendern der **Rieserfernergruppe** im gleichnamigen Naturpark. Vorbei am idyllischen Antholzer See erhebt sich das Talende zum **Staller Sattel** (2052 m), der in das Osttiroler Defereggen leitet. Seit 1974 ist diese schmale Passstraße wieder geöffnet, allerdings nur tagsüber vom Mai bis in den Oktober hinein (je nach Schneelage) und nur im abwechselnden Einbahnverkehr. Profitorientierte Unternehmer hatten schon Projekte von Hotel und Ferienanlagen rund um den See in den Taschen. Aber dann besann man sich doch eines Besseren.
Von den eilig vorbeiziehenden motorisierten „Bergwanderern" hatte man nicht viel, für den Ausbau von Alpinski-Anlagen ist das Tal wegen seiner steilen Hänge nicht geeignet, und die Pilze suchenden Wochenendtouristen nehmen mehr, als sie bringen. So gewannen jene, die auch hier auf sanften Tourismus setzten. Die weite, leicht ansteigende Talsohle und der im Winter tief zugefrorene Bergsee eignen sich ausgezeichnet für den Langlauf. Hier lassen sich herrliche Loipen ziehen, und so findet der Pustertaler Skimarathon in Antholz seine Ziellinie.
Nicht nur Langläufer, sondern auch Skitourengeher kommen im Antholzer Tal auf ihre Kosten. Ein Aufstieg auf die **Rote Wand** belohnt den Tourengeher mit einem herrlichen Weitblick auf die Riesenfernergruppe, Zillertaler Alpen und Dolomiten im Süden – und wo könnte Skifahren schöner sein als im tiefen Pulverschnee?

Più ad ovest, parallelamente alla Val Casies, da Rasun verso nord-est fino alle cime dei tremila metri delle **Vedrette di Ries** nell'omonimo parco naturale, si allunga la **Valle di Anterselva**. Passando accanto all'idilliaco lago di Anterselva il finale di valle si erge fino al **Passo Stalle** (2052 m) che porta nel Tirolo orientale ed in Austria. Dal 1974 questo stretto passo alpino è stato nuovamente aperto, tuttavia a senso unico alternato, solo di giorno e da maggio a ottobre (se le condizioni meteorologiche lo consentono). Albergatori orientati unicamente al profitto avevano già in mente ed in tasca progetti per enormi complessi alberghieri intorno al lago di Anterselva, ma poi il buon senso ha avuto la meglio.

Ci si accorse che il turista che passa veloce con la sua auto attraverso la vallata in realtà non porta benessere, come non lo porta chi trascorre qui i fine settimana per depredare il ricco terreno dei preziosi funghi, portandosene via molti più di quanto consentito. In aggiunta i ripidi pendii della vallata non si prestano ad impianti sciistici. Il largo ed ampio fondovalle invece in inverno, accanto ad idilliaci laghi montani gelati, è adatto a proporre la pratica dello sci da fondo.

Non solo gli amanti dello sci da fondo amano la Val di Anterselva, ma anche gli appassionati di tour con gli sci trovano qui le migliori risposte alle loro richieste. Un'ascesa sulla **Corda Rossa** premia con uno splendido panorama sul gruppo delle Vedrette di Ries, delle Alpi dello Zillertal e delle Dolomiti a sud. Da non sottovalutare assolutamente una bella sciata nella neve fresca.

More in the west, parallel to the Gsieser Valley the **Antholzer Valley** stretches from Rasen to the north east until the three-thousand metres high mountains of the **Rieserferner Group** in the same named natural preserve. Along the idyllic Antholzer Lake the valley end ascends to the **Staller Sattel** pass (2052 metres) which leads top Defereggen in East Tyrol. Since 1974 this narrow pass road has been opened again, but only by day from May to October (depending on the snow quantity) and only in the alternating one-way traffic. Profit-oriented businessmen had already developed projects of hotels and vacation complexes around the lake, but then reason prevailed.

The fast passing motorized "hikers" don't bring much and the construction of alpine skiing areas on the improper hillsides would not be profitable. This is the reason why those people won who believe in soft tourism. The wide and minimally ascending bottom of the valley offers perfect conditions for cross-country skiing. Wonderful slopes can be drawn here and so the Puster ski marathon in Antholz takes place here.

Not only cross-country skiing fans but even alpine touring fans enjoy the landscape in Antholz. An ascend on the Red Wall (Croda Rossa) rewards the alpine touring sportsmen with a fantastic view on the Rieserferner Group, the Zillertaler Alps and Dolomites in the south and where can skiing be more beautiful than in the deep powdery snow?

Etwas östlich von Bruneck liegt das Dorf **Dietenheim** mit dem sehenswerten **Landesmuseum für Volkskunde** (Mitte April bis Oktober geöffnet). Die historischen Bauernhöfe kommen aus verschiedenen Tälern Südtirols und gruppieren sich nun um den Ansitz Mair am Hof.

Un po' ad ovest di Brunico si trova il paese di **Teodone** con il museo etnografico provinciale, un luogo da non perdere (aperto da metà aprile a metà ottobre). Gli storici masi che si vedono in questo luogo provengono dalle valli dell'Alto Adige e si raggruppano ora intorno alla residenza Mair am Hof.

A bit eastern of Bruneck there is the village **Dietenheim** with the ethnographic provincial museum which shouldn't be missed (open from the mid of April to October). The historic farms have been collected from different parts of South Tyrol and are now displayed in the residence Mair am Hof.

www.volkskundemuseum.it

*Es war **Bischof Bruno von Brixen**, der schon bald nach seinem Amtsantritt (1250-1288) mit dem Bau einer Festung und einer mit dieser verbundenen Marktsiedlung begann, er zog eine Ringmauer, die jene Tore bekam, die heute noch erhalten sind. Das Fresko über dem Oberragentor zeigt den Kirchenfürsten nebst Inschrift der Gründungszeit. / Wieder einmal ist es Reinhold Messner, der die vorhandene Bausubstanz für ein weiteres Museum nutzt, das die Bergvölker der Erde zum Thema haben wird und in ein paar Jahren der Öffentlichkeit zugänglich gemacht werden kann.*

*Fu il **vescovo Bruno di Bressanone** ad iniziare la costruzione della fortezza e del borgo, poco dopo il suo insediamento, tra il 1250 ed il 1288. Fu sempre lui a far erigere le mura e le porte della cittadina che ancora oggi si possono ammirare. L'affresco sopra l'"Oberragentor" rappresenta lo stesso principe ecclesiastico accanto alla data di creazione della porta. / Ancora una volta è Reinhold Messner che ha sfruttato l'antica struttura per un ulteriore museo sulla montagna, questa volta dedicato alle popolazioni che vivono sulle montagne di tutto il mondo. Fra alcuni anni il museo sarà accessibile al pubblico.*

*It was **Bishop Bruno from Brixen**, who soon after his entering upon office (1250-1288) started with the construction of a fortress and with a merchant village around which a wall was built with gates that can be still seen today. The fresco above the Oberrager gate shows the clergy lord with an inscription of the foundation period. / It is again Reinhold Messner, who uses the present structure for another museum, which as main theme has the mountain people of the world and which will be accessible in a few years to the public.*

Sehenswürdigkeiten in Bruneck und Umgebung:

- Altstadt mit Stadtgasse
- Ansitz Sternbach in Oberragen
- Kirche St. Katherina auf dem Rain (Wahrzeichen der Stadt)
- Schloss Bruneck. Zukünftig auch Museum für Bergvölker
- Museum für Volkskunde in Dietenheim
- Die Sonnenburg bei St. Lorenzen
- Kronplatz, der Brunecker Hausberg. Sommer- und Wintersport.

Particolari attrazioni di Brunico e dintorni:

- La città vecchia con la via centrale
- Residenza Sternbach a Oberragen
- La chiesa di S. Caterina sul Rain (simbolo della città)
- Il castello di Brunico, futuro museo dei popoli montani
- Il museo etnografico di Teodone
- Castelbadia a S. Lorenzo di Sebato
- Plan de Corones, la vetta di Brunico, ideale per escursioni estive e lo sci in inverno

Die Besiedlungsgeschichte in der Brunecker Talweite mag ihren Ursprung wohl am Sonnenberg bei St. Lorenzen und auf dem Berghügel über **Bruneck** haben, wo heute das Schloss steht. Um den Schlossberg formierte sich im frühen Mittelalter der Kern einer größeren Ansiedlung, den der Fürstbischof Bruno von Brixen ummauern ließ. Zu seiner Amtszeit wurde der Ort zur Stadt erhoben, und sie ist bis heute die einzige im gesamten Pustertal geblieben. Wer heute den historischen Stadtkern betritt, tut es immer noch durch eines von vier Toren, von denen das meistbenutzte, das Floriantor, sich auf die Seite des Großen Grabens öffnet. Durch die Altstadt zieht sich im Wesentlichen eine einzige Stadtgasse die aber sehr großzügig angelegt ist. Zwei lange, zum Teil zinnengekrönte und baulich schöne Häuserreihen erstrecken sich vom Ursulinentor im Süden bis zum Oberragentor im Norden, das sich für den neueren gleichnamigen Stadtteil öffnet. Die Oberstadt ist eine würdige Fortsetzung der Stadtgasse, auch wenn die Betriebsamkeit hier etwas abflaut.

www.bruneck.com / www.kronplatz.com

Sights in Bruneck and surroundings:

- Historic town and town street
- Residence Sternbach in Oberragen
- Church Saint Catherina on the Rain (landmark of the town)
- Castle Bruneck. In future also museum for the mountain peoples
- Ethnographic Museum in Dietenheim
- The Sonnenburg Castle near St. Lorenzen
- Kronplatz, the mountain of Bruneck. Summer and winter sports

La storia dell'insediamento del fondovalle intorno alla cittadina di **Brunico** ha probabilmente origine a "Sonnenberg", presso S. Lorenzo di Sebato e sul colle sopra Brunico, dove oggi si erge l'omonimo castello. Intorno al nucleo centrale del castello nel primo medioevo si formò un più vasto insediamento che il principe-vescovo Bruno di Bressanone fece circondare da mura per proteggere la popolazione. Durante il suo regno il borgo fu elevato a grado di città. A tutt'oggi è l'unica località che può vantarsi del titolo di città dell'intera Val Pusteria. Chi oggi entra nel centro storico di Brunico deve necessariamente attraversare una delle quattro porte delle mura di cinta. La porta di gran lunga più utilizzata è quella di S. Floriano, la quale si apre direttamente sui bastioni di Brunico. Attraverso la città vecchia si allunga un'unica, ma ampia strada centrale. Due lunghe fila di case ancora in stile costeggiano la via centrale fino alla porta delle Orsoline a sud, fino alla porta "Oberragen" a nord, la quale si apre sull'omonimo quartiere di Brunico. La parte alta della città è un degno proseguimento della via centrale di Brunico, anche se da questo lato si respira un'aria meno operosa.

The settlement history in the valley basin of **Bruneck** probably has its origin at Sonnenberg (Sun Mountain) near St. Lorenzen and on the mountain hill above Bruneck, where today the castles is. Around the castle mountain in the early Middle Ages the centre of a larger settlement was formed which was surrounded by a wall by Bishop Bruno from Brixen. During his ruling period the village was aroused to a town and it is the only one till today in the whole Puster Valley. Who visits the historic town centre passes through one of the four gates, but the most-used is the Florian gate, which opens on the side of the Großen Graben street. Through the historic centre passes mainly one generous street. Two long, in part with pinnacles decorated and beautiful house lines stretch from the Ursulinen gate in the south to the Oberragen gate in the north, which opens towards the newer and same named town part. The upper town is a dignified continuation of the town street, even though the bustle gets less.

Vom **Kronplatz** (2273 m) kann man ohne Übertreibung behaupten, dass er zu den Südtiroler Top-Skigebieten zählt. Vom kegelförmigen Bergrücken, auf dessen höchste Erhebung eine Friedensglocke (eine der größten im Alpenraum) gebracht wurde, hat man eine herrliche Fernsicht in alle Himmelsrichtungen. Zu den Zillertaler Alpen im Norden (Bild rechts), zu den Dolomiten im Osten und Süden, zur Plose, dem Brixner Skiberg, und sogar bis zu den Ötztaler Alpen im Westen.

Senz'ombra di dubbio si può tranquillamente sostenere che **Plan de Corones** (2273 m) è uno degli impianti sciistici più moderni dell'Alto Adige. Dalla dorsale a forma di cono, sulla cui massima altezza è stata installata la campana della pace (una delle più grandi dell'arco alpino), si ha un'eccezionale vista panoramica a 360°. Lo sguardo si estende verso le Alpi dello Zillertal a nord (immagine a destra), verso le Dolomiti ad est e verso la Plose a sud, la montagna per gli amanti degli sci di Bressanone. A ovest è possibile addirittura scorgere le Alpi dell'Ötztaler.

The **Kronplatz** (2273 metres) belongs without exaggeration to the best skiing areas of South Tyrol. From the conic mountain ridge, on which highest point there is a peace bell (one of the biggest in the Alps), you can enjoy a gorgeous and far view in all directions.
To the Zillertaler Alps in the north (right picture), to the Dolomites in the east and south, to the Plose, the skiing mountain of Brixen and even to the Ötztaler Alps in the west.

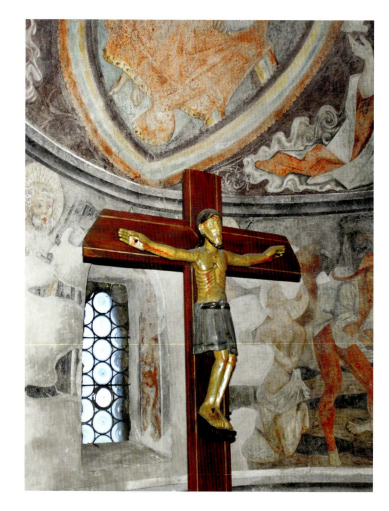

Vor der großartigen Kulisse der Zillertaler Alpen ragt die **Burg Taufers** über den Ort Sand auf und riegelt das Tauferer Tal vom Ahrntal nahezu ab. Die Burg hat im 13. Jh. ihren Ursprung, kam 1340 an die Grafen von Tirol und wurde um 1500 wehrhaft und zugleich wohnlich umgebaut.

Ein besonders schönes romanisches Kruzifix schmückt die Burgkapelle. / Bauer bei der Kartoffelernte. Wie heißt es? „Im Schweiße deines Angesichts sollst du dein Brot essen".

Dall'incredibile scenografia delle Alpi dello Zillertal si erge maestoso il **Castello di Tures** sul paese di Campo Tures, dividendo in modo simbolico la Valle di Tures dalla Valle Aurina. Il castello fu eretto nel XII secolo, passò ai conti del Tirolo nel 1340 e fu ristrutturato come fortezza, ma anche abitazione confortevole, intorno all'anno 1500.

Un crocifisso romanico di particolare bellezza impreziosisce la cappella del castello. / Contadini durante il raccolto delle patate. Come è scritto nella Bibbia "tu uomo lavorerai con il sudore della fronte".

In front of the great scenery of the Zillertaler Alps the **castle Taufers** elevates above the village Sand and separates the Tauferer Ahrn Valley almost totally. The castle was built in the 13th century, belonged in 1340 to the Earls of Tyrol and around 1500 is was fortified and made habitable.

A specially beautiful Romanesque cross decorates the castle chapel. / Farmer while the potato-harvest. How is it written in the Bible? „In the sweat of your face you should gain your bread."

www.tauferer.ahrntal.com / www.tures-aurina.com

Ab Sand in Taufers beginnt das **Ahrntal**, das sich bis in die Gletscherregionen der Zillertaler Alpen hinaufzieht. Das schluchtartige Tal war verkehrstechnisch schwer erschließbar. In der Folge hielten sich Brauchtum und Traditionen über Jahrhunderte nahezu unverändert.

A partire da Campo Tures inizia la **Valle Aurina**, la quale si estende verso nord fino alla regione dei ghiacciai delle Alpi dello Zillertal. La valle risulta abbastanza stretta e di difficile percorrenza, di conseguenza le usanze e le tradizioni sono rimaste quasi intatte nel corso dei secoli.

From Sand in Taufers on the **Ahrn Valley** starts, which stretches to the glacier regions of the Zillertaler Alps. The gorge-like valley was very hard to make accessible for the traffic. Therefore tradition and customs remained unchanged for centuries.

Städter hörte ich oft zu den Bergbauern sagen: „Ihr habt es aber schön und Urlaub das ganze Jahr"! Ja, das Leben in den Bergen ist mit mehr Freiheit verbunden, (weil Unfreiheiten nicht so leicht und so schnell dort hinauf vordringen). Damit Urlauber aber die Berglandschaft so gepflegt und sicher vorfinden, das hat mit schwerster Knochenarbeit zu tun!

Gli abitanti spesso dicono ai contadini di montagna: "voi sì, che avete una bella vita, vacanza tutto l'anno!". Sì, la vita in montagna è molto bella e dona senz'altro un senso di libertà, soprattutto perché le ingiustizie e le mancate libertà difficilmente riescono a raggiungere questi luoghi spesso impervi. Tuttavia per garantire il proseguo di un mondo alpino tanto pulito e naturale è necessario lavorare duramente tutti i giorni!

I heard citizens saying to farmers: "It's so beautiful here and you are on holiday the whole year!" In fact the life on the mountain donates more freedom (because restrictions do not reach the mountain as fast and easily). But it is hard work for the farmers to cure the landscape the way the holiday makers see it afterwards.

*Frühjahrsstimmung in **Heiliggeist bei Kasern** (Ahrntal). Hier hält sich der Winter sehr lange. / Bauer bei der Heumahd. / Herbstliche bzw. winteriche Heimkehr der Rinderherden über den 2633 Meter hohen Krimmler-Tauern-Pass. / Die Rinderherde hat den heiklen Passübergang unbeschadet geschafft. Nun geht es nur mehr talwärts. Im Hintergrund die Dreiherrenspitze.*

*Aria di primavera a **S. Spirito a Casere** (Valle Aurina). Qui l'inverno tarda ad andare via. / Contadini durante il taglio del fieno. / Il ritorno a casa, in autunno o in inverno, del bestiame attraverso il Passo dei Tauri – Krimmler a 2633 metri d'altezza. / La mandria ha superato il difficile passo senza perdite. Da qui in poi il cammino è ormai solamente verso valle. Sullo sfondo il Picco Tre Signori.*

*Spring feeling in **Heiliggeist near Kasern** (Ahrn Valley). Here winter remains for a very long time. / Farmer while hay mowing. / Autumnal and winterly return of the cattle herds across the 2633 metres high Krimmler-Tauern pass (passo dei Tauri). / The cattle herd has overcome the dangerous pass with no harm. Now it proceeds only in valley direction. In the background the Dreiherren Peak.*

*Blick von der **Unterkofleralm zum Hochgall** (3436 m) in der Riesenfernergruppe und gleichnamigem Naturpark. Die sehr scheuen Schneehühner halten Ausschau.*

*Sguardo dalla **malga Unterkofleralm** verso il Collalto (3436 m) sul gruppo delle Vedrette di Ries, nell'omonimo parco naturale. Le timide pernici bianche scrutano attente il territorio.*

*View from the **Unterkofler Alp** to the Hochgall (3436 metres) Collalto in the Rieserferner Group and the same named natural preserve. The very shy white grouses are on the look-out.*

*Ein weiterer Blick zum "winterlichen" Hochgall, von **Rein in Taufers** aus gesehen, einem Seitental des Tauferer Ahrntales. / Gipfelpanorama vom **Schneebigen Nock** (3358 m) in Richtung Zillertaler Alpen und Dolomiten.*

*Un'altra immagine del Collalto in versione invernale, visto dal pittoresco paesino di montagna di **Riva di Tures**, sito in una valle laterale della Valle di Tures ed Aurina. / Panorama dalla cima del **Monte Nevoso** (3358 m) in direzione delle Alpi dello Zillertal e delle Dolomiti.*

*Another view to the "winterly" Hochgall, seen from **Rein in Taufers**, a side valley of the Tauferer Ahrn Valley. / Peak panorama from the **Scheebigen Nock** (3358 metres) in direction of the Zillertaler Alps and the Dolomites.*

Die Fanesalm gleicht einer wilden Mondlandschaft mit kleinen, tiefblauen Seen, in denen sich Berggipfel, urige Zirbeln und Lärchen spiegeln. Bildmitte: Lavarellahütte. Rechts: Faneshütte.

La zona della malga Fanes assomiglia ad un paesaggio lunare con piccoli laghi di un profondo blu, in cui si specchiano le cime delle montagne, i pini cembri ed i larici. A sinistra il rifugio Lavarella e a destra la baita Fanes.

Naturpark Fanes-Sennes-Prags

Mit über 25.000 ha ist dieser Naturpark einer der größten in Südtirol und umfasst im Wesentlichen das Gebiet westlich vom Höhlensteintal im Osten bis zum Gadertal im Westen. Die Südgrenze ist zugleich die Grenze zu Belluno.

Von St. Vigil in Enneberg führt eine Straße durch das Rautal tief in den Naturpark bis Pederü hinein. Hier teilen sich die Wege, ein sehr steiler führt links auf die Sennesalm, geradeaus geht es auf die Hochebene der Fanesalm. Fanes wie Sennes sind riesige Karstplateaus mit ausgedehnten Almen, mit wenigen bald wieder im porösen Gestein versickernden Wasserläufen, mit kleinen Seen in tonigen Mulden, um die sich sehr große Latschenbestände ausbreiten. Am auffallendsten sind aber die Felsformationen, die auf einer Seite treppenförmig ansteigen und am Rande sehr steil und vielschichtig abfallen.

Auf der Fanesalm bieten die Schutzhütten Lavarella (2050 m) und Fanes (2060 m) komfortable Unterkunft und Verpflegung. Gleichzeitig sind sie idealer Ausgangspunkt für Bergwanderungen zu den umliegenden Gipfeln. Zur Sennesalpe muss man sich zunächst von Pederü über eine steile Serpentinenstraße aus dem Ersten Weltkrieg hinaufquälen.

Bei der Hütte Fodara Vedla (1980 m) merkt man aber, dass sich die Mühe gelohnt hat, so voller Harmonie ist diese grüne, wellige Alm mit den alten Almhütten zur Seite. Von hier führen einfache Wanderungen über das wellige Plateau zur Sennes- und Seekofelhütte. Wer aber die Seekofelspitze über den leichten Klettersteig erreichen möchte, der muss unbedingt trittsicher sein. Atemberaubend ist aber das Gipfelpanorama und der Anblick des 1500 Meter, nahezu senkrecht darunterliegenden Pragser Wildsees. (Siehe Seite 100)

Parco naturale Fanes-Sennes-Braies

Con i suoi 25.000 ettari questo parco naturale si caratterizza per essere uno dei più ampi dell'Alto Adige. Esso comprende l'area tra la Val di Landro ad est e la Val Badia ad ovest. Il confine meridionale funge contemporaneamente anche da confine con la provincia di Belluno.

Da S. Vigilio di Marebbe una strada attraverso la Val di Rudo porta nelle profondità del parco naturale fino a Pederù. Qui la strada si divide in due e la biforcazione di sinistra diventa una strada molto ripida che giunge alla Malga Sennes Alm, mentre quella che prosegue nel piano porta all'altopiano della malga Fanes. Fanes e Sennes sono grandi plateau carsici con ampi pascoli, poveri di corsi d'acqua che spesso scompaiono nella roccia porosa. L'area vanta piccoli laghi creatisi in conche argillose, intorno ai quali si sono estesi ampi boschi di pini mughi. Saltano subito all'occhio le formazioni rocciose che da un lato salgono a mò di scala e che sul bordo invece ridiscendono ripidamente in modo stratiforme.

Sulla Malga di Fanes i rifugi Lavarella (2050) e Fanes (2060) offrono un ottimo comfort e possibilità di ristoro. Essi sono contemporaneamente ideali punti di partenza per escursioni in montagna e verso le cime limitrofe. Per raggiungere l'Alpe di Sennes si deve inizialmente faticare su una ripida strada a serpentina da Pederù, risalente all'epoca della Prima Guerra Mondiale. Presso la baita Fodera Vedla (1980 m) ci si accorge ben presto che la faticata ha già dato i suoi frutti. Il pascolo è armonico, verdissimo e ricco di antiche malghe. Da qui una semplice escursione porta sull'ondeggiante plateau verso l'Alpe Sennes e la baita Seekofelhütte. Chi tuttavia volesse raggiungere la cima del Seekofel tramite la semplice ferrata, deve assolutamente avere una certa dimestichezza con le rocce ed essere sicuro dei propri passi in montagna. Il panorama dalla cima è da mozzare il fiato, soprattutto lo scorcio sul lago di Braies, che si può vedere 1500 metri più in basso, sotto la ripidissima parete. (Pag.100)

The Fanes Alp appears like a wild moon landscape with small deep-blue lakes, in which mountain peaks, ancient Swiss pines and larches reflect: on the left the Lavarella refuge and on the right the Fanes refuge.

Natural Preserve Fanes-Sennes-Prags
With over 25,000 ha it is one of the biggest natural preserves in South Tyrol and incorporates mainly the area in the west of the Höhlenstein Valley and in the east to the Gader Valley in the west. The southern border is at the same time the border to Belluno.
From St. Vigil in Enneberg a street leads through the Rau Valley deep in the natural preserve to Pederü. Here the ways divide, the very steep one leads on the left side to the Sennes Alp, straight on the plateau of the Fanes Alp can be reached. Fanes and Sennes are giant plateaus of karst with extended alps, with few torrents which disappear rapidly again in the porous rocks, with small lakes in argillaceous hollows around which very large dwarf pines areas grow. But very impressing are the rock formations, which on one side ascend like stairs and at the border descend very steeply and variously.
On the Fanes Alp the refuges Lavarella (2050 metres) and Fanes (2060 metres) offer comfortable accommodation and food. At the same time they are an ideal starting point for mountain hikings to the surrounding peaks. To reach the Sennes Alp first you have to lug oneself on a very steep serpentine of the First World War.
At the Fodara Vedla refuge you notice that all the pains were worth because you admire this harmonic, green, hilly alp with the old huts on the sides. From here easy trips lead across the wavy plateau to the Sennes and the Seekofel refuge. But who wants to reach the Seekofel refuge through the easy climbing path has necessarily to be a safe walker. The peak panorama lets you breathless and the view of the 1500 metres lower Pragser Wild Lake, which lies nearly vertically under the peak, is incredible.(see page 100)

Fodarahütte auf der Sennesalm.
Vor Jahren konnte man in diesem herrlichen Naturpark noch große Bestände von Steinböcken auch aus der Nähe beobachten. Eine Hautkrankheit hat sie dahingerafft.
Die senkrechte Felsflucht des **Heiligkreuzkofels** vom Gadertal aus gesehen (rechts).

La baita Fodara sulla malga Sennes.
Anni fa in questo splendido parco naturale era possibile ammirare anche a distanze ravvicinate numerosi gruppi di stambecchi. Una malattia della pelle ne ha purtroppo decimato la popolazione faunistica.
Il verticale muro di roccia del **Picco di S. Croce** visto dalla Val Badia (a destra).

Fodara refuge on the Sennes Alp.
Years ago in this wonderful natural preserve big amount of ibex could be observed, even from very near. A dermatological disease has nearly extinguished them.
The vertical cliff of the **Saint Kreuzkofel** mountain, seen from the Gader Valley (right side).

So beeindruckend der Anblick dieser senkrechten Megamauer aus Dolomitgestein von unten auch sein mag, ihre ganze Höhe wird erst beim Tiefblick vom Gipfel erfassbar. Hinter dieser Wand erstreckt sich die „Mondlandschaft" der Fanesalm im Naturpark Fanes-Sennes-Prags.

Nonostante l'impressionante visione che questa mega parete di roccia dolomitica possa dare dal basso, la maestosità della sua altezza si rende pienamente visibile solo dopo essere giunti sul suo vertice. Dietro a questa parete si estende un paesaggio di tipo lunare dell'Alpe di Fanes nel parco naturale Fanes-Sennes-Braies.

As impressing the view of this vertical mega wall of Dolomite rock seen from below can be, the real height can be understood only staying on the peak and looking down. Behind this wall the „moon landscape" of the Fanes Alp stretches in the Natural Preserve Fanes-Sennes-Prags.

www.sanvigilio.com

*Über den Gadertaler Dörfern **St. Leonhard und Pedratsches** erhebt sich der imposante Heiligkreuzkofel, dessen Wände auf dieser Seite lotrecht abfallen. Oben und nächste Doppelseite. / In St. Martin in Thurn bringen Mädchen zum Fest Maria Himmelfahrt Blumenkörbe in die Kirche. / Bauernhof bei Untermoi.*

*Sopra i paesi della Val Badia di **Pedraces e Badia** si erge maestoso il Picco di S. Croce, i cui ripidi pendii da questo lato della montagna cadono a strapiombo. Sopra e nella doppia pagina successiva. / A S. Martino in Badia le ragazze portano cesti di fiori in chiesa per la festività dell'Assunzione di Maria. / Maso presso Antermoia.*

*Above the villages **St. Leonhard and Pedraces** of the Gader Valley the Saint Kreuzkofel mountain elevates, whose walls on this side precipitate perpendicularly. Above and next double page. / In St. Martin in Thurn girls bring baskets of flowers to the church at the Mary Ascension celebrations. / Farm near Untermoi.*

Stern im Gadertal. Im alten Dorf oberhalb der Straße hat sich wenig verändert, nur wenige Häuser stehen zwischen der Kirche und dem Ansitz Ciastel Colz aus der Renaissance. Stern ist Sommer wie Winter ein Tourismusmagnet, nicht zuletzt weil hier auf der „schwarzen" Piste „Gran Risa" alpiner Weltcup gefahren wird. / Abtransport von Bergheu aus den Peitlerwiesen. Solche Motive werden kaum noch gesichtet. / Die Alpenrosenblüte der Medalgesalm (Campill) leitet den Sommer ein. Die Westliche Puezspitze vervollständigt das harmonische Bild.

La Villa in Val Badia. Nella parte vecchia del paese sopra la strada gli anni che passano non hanno portato alcun mutamento, solo poche case sono state costruite tra la chiesa e la residenza rinascimentale di Castel Colz. La Villa è un magnete che attira turisti sia in inverno che in estate. Il fatto che sulla pista nera del comprensorio sciistico locale si trovi la famosa "Gran Risa", su cui si svolge il campionato mondiale di sci, ha sicuramente aumentato la notorietà del luogo. / Rimozione di fieno alpino dai prati del Putia. Immagini come queste sono diventate una rarità. / Le rose alpine in fiore presso la malga Medalges.

Stern in the Gader Valley. In the ancient village above the street not much has changed, only a few houses stand between the church and the residence Ciastel Colz of the Renaissance period. Stern is in summer and winter a tourism magnet, not at least because on the "black slope" the "Gran Risa" the alpine skiing World Cup Race takes place. / Transport of mountain hay from the Peitler pastures. Such motives are quite rare nowadays. / The Alpine rose in the Medalges Alp (Campill) introduces summer. The western Puez Peak completes the harmonic picture.

Blick von Natz-Schabs auf den Gitschberg und ***Schloss Rodenegg****. Schloss Rodenegg zählt zu den größten und bedeutendsten Burgen Südtirols. / Eine Sehenswürdigkeit von europäischer Bedeutung sind die auf Schloss Rodenegg 1972/73 entdeckten Wandmalereien – der Iwein-Zyklus aus dem frühen 13.Jh. / Blick in den Waffensaal.*

Vista da Naz-Sciaves sul Gitschberg e su ***Castel Rodengo****, considerato una delle fortezze più grandi ed importanti dell'intero Alto Adige. / Un'occasione imperdibile, poiché di valenza*

artistica europea, sono i dipinti del ciclo Iwein all'interno di Castel Rodengo, risalenti al XIII secolo. Essi sono stati scoperti e portati alla luce nel 1972/73. / Uno sguardo sull'armeria del castello.

View from Natz-Schabs on the Gitsch Mountain and **Castle Rodenegg**. *Castle Rodenegg belongs to the biggest and most important castles of South Tyrol. / A special sight of European relevance are the frescos which were discovered in 1972/73 in Castle Rodenegg; the Iwein-cyclus of the early 13th century. / View of the weapon room.*

Als Naherholungsgebiet von Brixen und als „Geheimtipp" für den Urlauber bietet die **Rodenecker Alm** ideale Voraussetzungen. Ein Forstweg führt im leichten Anstieg über den langen Bergrücken zwischen Rienz und Lüsner Bach. Hat man den dichten Wald verlassen, betritt man blühende Almwiesen im Sommer, die sich bis zum Würzjoch zu Füßen des Peitlerkofel hinziehen. Herrliche Langlaufloipen hingegen führen durch die winterliche Stille. Eine Reihe von bewirtschafteten Almen bietet Unterkunft und Verpflegung.

L'Alpe di Rodengo presenta le caratteristiche ideali per definirsi il luogo di relax più vicino per gli abitanti di Bressanone. Per i numerosi ospiti dell'area invece è un consiglio prezioso da prendere al volo. Per raggiungere la malga si fa uso del sentiero forestale che, tramite una facile risalita, porta oltre la lunga dorsale montana tra il Rienza ed il Rio di Lusòn. Lasciato alle spalle un fitto bosco si calpestano gli estivi pascoli in fiore, che si estendono fino al Passo delle Erbe ai piedi del Putia. Splendide piste per lo sci da fondo invece portano, nei mesi più freddi dell'anno, ad un silenzioso ed incantato paesaggio invernale.

As recreation resort near to Brixen and as special advise for the holiday maker the **Rodenecker Alp** offers ideal conditions. A forestry trail leads with an easy ascent over the long mountain ridge between the Rienz and the River of Lüsen. After leaving the dense forest you arrive at the flourishing alp meadows, which stretch to the Würzjoch pass at the foot of the Peitler Kofel mountain. Wonderful cross-country ski runs lead through the winterly silence. A serial of managed alps offer accommodation and board.

Im hintersten Vallertal ist es die natürliche Schönheit der Bergwelt, die zahlreiche Wanderer anlockt. Auf der **Fanealm** (1739 m) errichteten die Valler bereits vor mehreren hundert Jahren ein malerisches Hüttendorf mit Kapelle. In den heißen Sommermonaten kommen viele hierher, und wem es hier immer noch zu warm ist, geht noch höher ins Gebirge. Am „Wilden See" können sie ihre Füße in das eiskalte Wasser hängen und den Blick auf die Wilde Kreuzspitze (3132 m) genießen.

La naturale bellezza delle montagne nella più profonda Valle di Valles attira coloro che amano passeggiare in mezzo alla natura. Sulla **malga Fane** (1739 m) molti secoli fa gli abitanti di Valles costruirono un pittoresco paesino di baite con cappella. Nei caldi mesi estivi molti si spingono fino a queste altezze per scampare al caldo. E se esso è ancora insopportabile, basta andare ancora più in alto. Al lago "Wilden See" potrete bagnare i piedi nelle sue freddissime acque e spingere lo sguardo sull'indimenticabile Picco della Croce (3132 m).

In the profound Valler Valley it is the natural beauty which attracts many hikers. On the **Fane Alp** (1739 metres) the people of Vals created a picturesque hut village more than hundreds of years ago with a chapel. In the hot summer months many people come here to refresh and those who still feel hot walk in the altitudes of the mountains. At the "Wild Lake" they may put their feet in the freezing cold water and enjoy the view of the "Wild Cross Peak" (3132 metres).

Bekannt ist die Fanealm auch wegen ihrer vielfältigen Flora; über 300 verschiedene Arten soll es geben.

La malga Fane è conosciuta anche per la sua variegata flora. Pare vi siano oltre 300 varietà di piante.

Well-known is the Fanes Alp even for its various flora; over 300 kinds are supposed to exist.

Der **Gitschberg** (2512 m) ist ein sehr gut erschlossenes Skigebiet über dem **Bergdorf Meransen**. Diese „Sonnenterrasse" war bis vor wenigen Generationen den einheimischen Bauern vorbehalten, inzwischen dürfen sich immer mehr Urlauber daran erwärmen.

Nicht minder schön ist die Ferienregion **Jochtal** (rechte Seite) – im Sommer wie im Winter. Moderne Aufstiegsanlagen bringen die Wintersportler bis über 2000 Meter. Am Hinterberg (2100 m) erwartet sie ein herrliches Panorama und bestens präparierte Pisten.

www.gitschberg-jochtal.com

Il **Gitschberg** (2512 m) è un'area sciistica molta ben preparata sopra al paesino montano di Maranza. Questa "terrazza soleggiata" ha portato vantaggio ai solitari contadini per molte generazioni, mentre ora anche i molti turisti che giungono in zona potranno sicuramente godersi l'ottimo panorama e la lunga esposizione al sole.

Sia in estate che in inverno non è meno bella, né meno apprezzata la regione vacanze dello **Jochtal**. Moderni impianti di risalita portano gli amanti degli sport invernali a oltre 2000 metri di altitudine. A Monte di Dentro spettacolari panorami e piste preparate al meglio attendono i numerosi turisti.

The **Gitsch mountain** (2512 metres) is a well-accessible skiing area above the mountain village Meransen. This "sun terrace" was reserved for the local farmers not many generations before, but in the meantime always more holiday makers are allowed to warm themselves up on their meadows.

Not less beautiful is the vacation region **Joch Valley** – in summer and winter. Modern ascending systems bring the winter sportsmen to over 2000 metres. At the Hinterberg mountain (2100 metres) a wonderful panorama and best-prepared slopes are awaiting you.

Ulten zählt zu den abgeschiedensten und urtümlichsten Nebentälern Südtirols. Kein Wunder, bekamen die „Ultner Bauern" doch erst um 1910 einen befahrbaren Schotterweg, der sie doch etwas näher zu Lana und Meran brachte.

Im Bild der „**Zoggler**"-**Stausee** bei St. Walburg. Die vergletscherten Berge am Talende zählen bereits zur Ortlergruppe und sind Teil des Nationalparks Stilfser Joch.
Die Höfe des Tales – einige stammen noch aus dem Mittelalter – sind meist Paarhöfe und haben ein unteres Steinstockwerk und ein bis zwei Holzstockwerke darüber, die mit einem Schindeldach abgedeckt sind.
Haflingerherde auf der Hochalm am **Langsee**.

La **Val d'Ultimo** è considerata una delle valli laterali più sperdute e per questo tipiche dell'Alto Adige. Considerando ciò, non deve meravigliare che i contadini di questa valle possano usufruire di una strada sterrata percorribile solo dal 1910, quando finalmente furono collegati ai vicini paesi di Lana e Merano.

Nella foto il **Lago di Zoccolo** presso S. Valburga. Le cime ricoperte dai ghiacci eterni alla fine della vallata fanno già parte del gruppo dell'Ortles e sono parte del Parco Naturale dello Stelvio.
I masi della valle, alcuni ancora risalenti al medioevo, sono cosiddetti "Paarhöfe", ovvero masi in cui l'abitazione è separata dalla struttura prettamente agricola. Essi si caratterizzano anche per un pianoterra per lo più realizzato in pietra e da due piani aggiuntivi costruiti in legno e ricoperti da un tetto a scandole.
Una mandria di cavalli avelignesi sulla malga d'alta quota presso il **Lago Lungo**.

Ulten belongs to the most isolated and ethnic side valleys of South Tyrol. The farmers from Ulten obtained a drivable gravel path only in 1910, which brought them closer to Lana and Meran.

In the picture the "**Zoggler**"-**storage lake** (Zoccolo Lake) near St. Walburg. The glaciated mountains at the end of the valley already belong to the Ortler Group and are part of the National Preserve Stilfser Joch.
The farms of the valley, some derive from the Middle Age, are mostly pair farms and have got a lower floor made of stone and two additional floors made of wood, which are covered with a shingle roof.
Flock of Haflinger horses on the high alpine pasture on the **Lang Lake**.

Am sonnenverwöhnten Hang oberhalb von Meran erstrecken sich seit 2001 die **Gärten von Schloss Trauttmansdorff**, in denen Pflanzen aus aller Welt gedeihen. Mitten im botanischen Garten steht das Schloss, das der Graf Trauttmansdorff um 1850 aus mittelalterlichen Ruinen wiedererrichten ließ. Heute ist hier das Museum für Tourismus untergebracht, und auf der Sissi-Terrasse vor dem Schloss steht zu Ehren der unvergessenen österreichischen Kaiserin ein Thron, von dem aus man einen einzigartigen Blick auf die Anlage genießt, die 2005 zum schönsten Garten Italiens gekürt wurde.

Sul pendio baciato dal sole poco sopra Merano dal 2001 si estende il **giardino botanico del castello Trauttmansdorff**, dove si possono ammirare piante e fiori di tutto il mondo. Nel bel mezzo del giardino botanico è sito il castello del conte Trauttmansdorff, il quale lo fece ristrutturare nel 1850 partendo dalle preesistenti rovine medioevali. Nei locali interni del sfarzoso castello oggi ha sede il museo del turismo "Touriseum" e sul terrazzo di Sissi, davanti al castello, si può ammirare un trono in onore dell'indimenticabile imperatrice d'Austria. Da qui si gode di una vista strepitosa su tutta la struttura, eletta nel 2005 "giardino più bello d'Italia".

On the sun-blessed hillside above Meran the **gardens of Castle Trauttmansdorff** stretch there, in which plants of all over the world grow. In the middle of the botanic garden there is the castle, which Earl Trauttmansdorff let reconstruct out of Middle Age ruins. Today here you can visit the Museum for Tourism and on the Sissi-terrace in front of the castle in honour to the unforgotten Austrian Empress stands a throne from which you have got a unique view on the complex. In 2005 these gardens have been chosen as the most beautiful ones of Italy.

www.trauttmansdorff.it

Die **Kurstadt Meran** mit Blick zur **Texelgruppe**. Da ist also dieser viel gepriesene Kessel, in den Meran und seine Nachbarschaft eingebettet sind. Ewiges Eis und botanische Gärten liegen in Südtirol nah beieinander. Findet man das auch anderswo?

La **città termale di Merano**, con vista sulla **giogaia del Tessa**: ecco quindi dove si trova quella tanto decantata conca in cui è incastonata la città di Merano ed i suoi dintorni. In Alto Adige ghiacci eterni e giardini botanici possono convivere in spazi ristrettissimi. È possibile trovare tali caratteristiche altrove?

The **spa town Meran** with view to the **Texel Group**. Here is this so much glorified basin, in which Meran and its neighbours are embedded. Eternal ice and botanic gardens are close together in South Tyrol. Do you find this even anywhere else?

Die großzügig angelegte Kurpromenade entlang der Passer, das neue Kurhaus, das weitgehend dem Jugendstil verpflichtet ist, mit dem Jungbrunnen der tanzenden Frauen und die Texelgruppe im Hintergrund.
Rechte Seite: Der quadratische Pulverturm, umgeben von Rebanlagen und mediterranem Baumwuchs auf dem sonnigen Küchelberg und die Pfarrkirche St. Nikolaus bestimmen das Stadtbild. / Am rechten Ufer der Passer liegt in Fortsetzung der Kurpromenade die Winteranlage. Die Wandelhalle erinnert an den Aufstieg von Meran als Luxuskurort. / Zwischen 1870 und 72 verbrachte Kaiserin Elisabeth von Österreich mit Töchtern und Hofstaat zwei Winter in Meran. Das „Sissi"-Denkmal erinnert etwas wehmütig an diese Zeit, in der der Hochadel von Österreich und Ungarn der Stadt Wohlstand und vor allem internationales Ansehen brachte.

La passeggiata Lungo Passirio, con le sue ampie vedute, la nuova Kurhaus nell'inconfondibile stile liberty con la fontana con le donne danzanti e la Giogaia di Tessa sullo sfondo.

Pagina destra: La quadrata Torre delle Polveri, circondata da pergolati e da una rigogliosa vegetazione mediterranea sul versante soleggiato del "Küchelberg" e la chiesa parrocchiale di S. Nicolò sono i veri simboli della città. / Sulla riva destra del Passirio, a continuazione della Passeggiata Lungo Passirio, sono presenti le strutture invernali. Il portico ricorda al visitatore l'ascesa di notorietà di Merano come lussuoso luogo di cura. / Tra il 1870 ed il 1872 l'imperatrice Elisabetta d'Austria, con le figlie e l'intera corte, trascorse a Merano due inverni. Il monumento "Sissi" trasmette una sorta di malinconia d'altri tempi, di un'epoca in cui l'alta aristocrazia austriaca ed ungherese portò molta prosperità e soprattutto notorietà a livello internazionale alla città.

The generously built spa promenade along the Passer river, the new spa pavilion, held in the typical liberty style is together with the youth fountain and the Texel Group in the background. / The quadratic powder tower surrounded by vineyards and Mediterranean trees on the sunny Küchel mountain and the Parrish church Saint Nikolaus define the town picture. / On the right shore of the Passer as continuation of the spa promenade there is the winter complex. The foyer remembers the ascend of Meran to a luxurious spa resort. / Between 1870 and 1872 the Empress Elisabeth of Austria spent two winters in Meran with her daughters and her court. The "Sissi" monument remembers with melancholy the passed times, in which the high nobility of Austria and Hungary brought welfare and especially international appreciation.

Sehenswürdigkeiten in Meran und Umgebung:

- Meraner Altstadt mit Laubengasse und Pfarrkirche
- Neues Kurhaus, Stadttheater, Sommer- und Winterpromenade
- Städtisches Museum
- Botanische Gärten auf Schloss Trauttmansdorff
- Tappeinerweg am Küchelberg
- Dorf Tirol mit gleichnamigem Schloss und Brunnenburg
- Schloss Schenna
- Meran 2000 (Sommer und Wintersport)

Particolari attrazioni di Merano e dintorni:

- Città vecchia di Merano con i Portici e la chiesa parrocchiale
- Le nuove terme, il teatro, la Passeggiata d'Estate e d'Inverno
- Il museo civico
- Il Giardino Botanico di Castel Trauttmansdorff
- Passeggiata Tappeiner presso "Küchelberg"
- Tirolo con l'omonimo castello e Castel Fontana
- Castello di Scena
- Merano 2000 (sport estivi ed invernali)

Sights in Meran an surroundings:

- Meran historic centre with arcades and Parrish church
- New spa pavilion, town theatre, summer and winter promenade
- Civic museum
- Botanic gardens in Castle Trautmannsdorff
- Tappeiner road on the Küchelberg
- Dorf Tirol with same named castle and fountain castle
- Castle Schenna
- Meran 2000 (summer and winter sports)

www.meraninfo.it

Die Laubengasse ist, wie auch alle anderen Laubengassen der Südtiroler Städte, Zentrum der Altstadt und gelebte Geschäftigkeit.

I portici, come in tutte le altre città altoatesine, sono il cuore della città vecchia e centro delle attività commerciali.

The Arcades as well as in other South Tyrolean towns the centre of the historic town and business.

Das im Jugendstil errichtete Hotel Palace ist die „Erste Adresse" der Kurstadt. Fürstliches Logieren hat aber natürlich seinen Preis.

L'hotel Palace, nel suo inconfondibile stile liberty, è il luogo di spicco della città. Uno stile lussuoso e principesco, che ovviamente ha il suo prezzo.

The Hotel Palace in the liberty style is the top address of the spa town. Lord-like accommodation has its price.

*Ob **Traubenfest**, angeblich das älteste Fest der Passerstadt, oder Aufmarsch einheimischer Musikkapellen, in Meran wird viel gefeiert. / Sehen und gesehen werden. Bei festlichen Anlässen zeigt sich die „Prominenz" gerne auf der Promenade.*

*Che sia la **festa dell'uva**, molto probabilmente la più antica dell'intera Merano, o la parata delle locali cappelle musicali, in questa città sita lungo il Passirio c'è sempre occasione di festeggiare. Vedere ed essere visti. Durante le diverse manifestazioni che si tengono sulla passeggiata lungo Passiria i VIP amano farsi vedere dalla popolazione.*

*In Meran there are many occasions for celebrations, which can be the **grape festival**, which seems to be the oldest festival of the Passer town, or the parade of the local band. / See and to be seen. In occasion of special events the high society shows itself on the promenade.*

Das **Burggrafenamt** entspricht einer im Hochmittelalter entstandenen Verwaltungseinheit. Es ist die Keimzelle des Landes Tirol, es hat ihm seinen Namen gegeben und ist durch das Dynastengeschlecht der Grafen von Tirol zum Raumgebilde geworden, dem Südtirol durch rund sechseinhalb Jahrhunderte (1271-1918) angehört hat. Zum Burggrafenamt gehört das Meraner Etschtalbecken mit den Dörfern auf den umliegenden Hangterrassen sowie die Nebentäler Ulten und Passeier. Der Meraner Talkessel ist nach Süden hin weit geöffnet, sonst aber von hohen Bergen umgeben (Texelgruppe, Ifinger, Meran 2000). Gerade diese geografische Eigenheit ist die Ursache für Merans mildes Klima. Dass Meran schon zur Römerzeit eine kleine Siedlung war, gilt als gesichert. Führte doch hier die „Via Claudia Augusta" zum Reschenpass und weiter nach Augsburg. Eine erste Blütezeit erlebte der Ort unter der Herrschaft der Grafen von Tirol und bekam 1317 auch das Stadtrecht. Graf Meinhard II. genehmigte die Ummauerung und den Bau der Lauben. Im heutigen Obermais entstand eine Art „Regierungsviertel" mit Ansitzen der Tiroler Adelsfamilien. 1420 machte der Habsburger Friedrich „mit der leeren Tasche" jedoch Innsbruck zur neuen Hauptstadt, residierte aber nach wie vor in Meran. Sein Sohn, Sigmund „der Münzreiche", baute sogar noch eine Art Stadtresidenz, die heutige Landesfürstliche Burg. Mit dem Umzug der Münzstätte nach Hall verlegte er allerdings das politische und wirtschaftliche Gewicht endgültig ins Inntal. So versank Meran in eine gewisse Bedeutungslosigkeit, aus der es erst wieder erwachte, nachdem Exkaiserin Luise, Gemahlin von Napoleon, die Schönheit der Stadt erkannte. Mit dem Besuch Kaiser Ferdinands war der Bann gebrochen, fortan gab sich der in- und ausländische Adel in Meran die Klinke in die Hand. Kaiserin Elisabeth, liebevoll „Sissi" genannt, machte das vornehme Schloss Trauttmansdorff zu ihrem Quartier. Dichter, Schriftsteller und Maler trugen den Ruf Merans in die Welt. Der Erste Weltkrieg und der Untergang der Monarchie zerstörte schlagartig diesen Höhenflug.

Il **Burgraviato** rappresenta una comunità, creatasi nell'alto medioevo ed ancora esistente. Esso è la cellula primaria dell'intero Tirolo, a cui ha dato anche il nome, e nel corso delle generazioni dinastiche dei Conti del Tirolo è diventato un'area politica a cui il Sudtirolo è appartenuto per circa 650 anni (1271-1918). Al Burgraviato appartengono i bacini meranesi della Val d'Adige con i paesini abbarbicati sui pendii soleggiati, la Val d'Ultimo e la Val Passiria. La conca di Merano è aperta verso sud, ma circondata da alte montagne (Giogaia di Tessa, Picco Ivigna, Merano 2000). È ormai accertato che Merano era un piccolo insediamento anche in epoca romana. Proprio da qui infatti passava la "via Claudia Augusta". Il Conte Meinardo III acconsentì intorno al 1317 alla costruzione della cinta muraria e dei portici interni, facendola diventare ufficialmente una città. Nel 1420 tuttavia l'asburgico Federico IV, detto "tasche vuote", trasferì la capitale a Innsbruck, pur continuando a risiedere a Merano. Suo figlio, il Duca Sigismondo d'Austria, detto "il danaroso", costruì una specie di residenza cittadina, l'attuale Castello Principesco. Con il trasferimento della zecca ad Hall venne ovviamente anche spostato verso la valle dell'Inntal il potere politico ed economico. Con la visita dell'imperatore Ferdinando terminò il periodo di bassa notorietà e da quel momento in poi Merano riprese saldamente in mano il ruolo di sede della nobiltà. L'imperatrice Elisabetta, chiamata amorevolmente "Sissi", fece poi di Castel Trauttmansdorff il proprio alloggio.

The **Burggrafenamt** corresponds to an administration section of the Middle Age. It is the germ-cell of the country Tyrol, it has given to it its name and thank to the dynasty of the Earls of Tyrol it formed its area, to which South Tyrol belonged for six and a half centuries (1271-1918).

To the Burggrafenamt belongs the Etsch Valley basin with the surrounding villages on the hills, as well as the side valleys Ulten and Passeier. The valley basin of Meran is wide open in the south, but it is mainly enframed by high mountains (Texel Group, Ifinger, Meran 2000).

It is historically proved that Meran was a small settlement during the Roman period because the street "via Claudia Augusta" led through the village to the Reschen pass and on to Augsburg. Earl Meinhard allowed the town walls and the construction of the arcades. 1420 the Habsburg member Friedrich "with the empty pockets" made Innsbruck to the new capital, but resided as before in Meran. His son Sigmund "the Prosperous" (he coined much money) even built a sort of town residence, today's' Sovereign's Castle. With the move of the mint to Hall he put the political and economic importance definitely in the Inn Valley.

With the visit of the Austrian emperor Ferdinand the ban was broken and from that moment on the local and international nobility frequented Meran assiduously. Empress Elisabeth, nicely called "Sissi", adopted Castle Trautmannsdorff to her residence.

Anlässe zum Feiern gibt es in Meran genug, und damit bei den anspruchsvollen Gästen keine Langeweile aufkommt, jagt ein Event den anderen. Im Frühjahr sind es die Haflinger-Bauern-Galopprennen, im Sommer internationale Kanumeisterschaften, und Ende September wird um den „Großen Preis" von Meran geritten. Kulturelle Veranstaltungen gibt es das ganze Jahr über. Zur heutigen modernen Fremdenverkehrsentwicklung der Kurstadt haben die Nutzung der radioaktiven Quellen (Thermen) und das **Skigebiet „Meran 2000"** wesentlich beigetragen.

A Merano ci sono numerose occasioni per fare festa, per questo anche gli ospiti più esigenti, in cerca di un evento dopo l'altro, non avranno di che annoiarsi. In primavera ci sono le corse dei famosi cavalli avelignesi, in estate i campionati internazionali di canoa e a fine settembre si svolge il Grand Prix (corsa di cavalli) di Merano. L'intero anno è ricco di manifestazioni culturali.

There are many occasions for celebrations and there are many events so that the demanding guests don't feel bored. In spring there are the Haflinger farmer-gallop races, in summer the international canoe championship and at the end of September the "Big Prize" of Meran takes place. Cultural events are organized the whole year.

Das **Schloss Tirol**, Herrschaftssitz der Grafen von Tirol, erhebt sich in dominanter Lage über dem Meraner Talkessel und bietet einen herrlichen Fernblick auf das Etschtal und den Mendelrücken. In den 70er-Jahren wurde das restaurierte Schloss dem Land Südtirol übertragen, das es in ein Museum für Kultur und Landesgeschichte umstrukturierte.

Castel Tirolo, sede ufficiale dei conti del Tirolo, si erge dominante sulla conca di Merano e offre ai suoi visitatori un ottimo panorama sulla Val d'Adige e sulla dorsale della Mendola. Negli anni '70 il castello, ristrutturato e risanato, venne ceduto all'ente provinciale per la tutela delle belle arti, il quale ne fece un museo della cultura e della storia della provincia.

Castle Tirol, dominion residence of the Earls of Tyrol, elevates in dominant location above the valley basin of Meran and offers a wonderful wide view on the Etsch Valley and the Mendel-ridge. In the 70ties the restructured castle was transferred to the country South Tyrol, which transformed it in the Museum for Culture and Local History.

Ebenso beeindruckend der Blick vom Schloss Tirol in den Vinschgau.
Blick von **Schenna** auf die Sonnenterrasse von Dorf Tirol und Texelgruppe.
Der **Sandwirt** zwischen St. Martin und St. Leonhard im Passeier ist der Geburtsort des Tiroler Freiheitskämpfers **Andreas Hofer** (1767 geboren, 1810 von den Franzosen hingerichtet).

Di uguale impatto visivo lo scorcio di Castel Tirolo verso la Val Venosta.
Scorcio da **Scena**, sulla terrazza soleggiata di Tirolo presso Merano e la Giogaia del Tessa.
La famosa osteria **Sandwirt**, tra S. Martino e S. Leonardo in Passiria, è il luogo di nascita dell'eroe tirolese **Andreas Hofer** (nato nel 1767 e giustiziato dai francesi nel 1810).

Also very impressive the view from Castle Tirol in the Vinschgau Valley.
View from **Schenna** on the sun terrace of the village Dorf Tirol and the Texel Group.
The **Sandwirt** Inn between St. Martin and St. Leonhard in the Passeier Valley. It is the birthplace of the Tyrolean freedom fighter **Andreas Hofer** (born 1767, executed 1810 by the French).

Schloss Juval am Eingang des Schnalstales wurde als heruntergekommene Anlage vom Extrembergsteiger Reinhold Messner in den 80er-Jahren gekauft und musterhaft restauriert. Im Museum Juval hat er den „Mythos Berg" untergebracht. Allein die Anlage, die wie ein Adlerhorst auf einem Felsvorsprung steht, ist sehenswert. Die einmalige Ausstellung zu Gesar Ling, der Tantra-Raum, ein Expeditionskeller, eine Maskensammlung sowie die Bergbilder im ehemaligen Bergfried werden von geschulten Führern erklärt. Der **Vernagt-Stausee** am Talende von Schnals, in dem sich die Ötztaler Gletscher spiegeln. Eine Besonderheit sind die bis 2000 m hoch gelegenen Bauernhöfe, die zum großen Teil noch in der alten Holzbauweise errichtet wurden.

Castel Juval all'entrata della Val Senales è stato acquistato come rudere in rovina dallo scalatore estremo Reinhold Messner negli anni '80 e ristrutturato a regola d'arte. Al suo interno, nell'omonimo museo, Messner ha disposto varie opere d'arte sotto il tema "il mito della montagna". Già la struttura in sé, maestosa sulla roccia come un'aquila in procinto di tuffarsi sulla preda, vale la pena di essere visitata. L'inimitabile mostra allestita all'interno su Gesar Ling, la sala del Tantra, la cantina della spedizione e la raccolta di maschere, nonché molte immagini di montagna installate nel torrione è attentamente spiegata dalla guida che accompagna i visitatori attraverso le varie sale. La **diga nel finale della Val Senales** rispecchia limpidamente i ghiacciai delle Alpi dell'Ötztal. Una particolarità di quest'area sono i masi contadini di montagna che raggiungono anche quota 2000 metri, realizzati ancora in gran parte con antiche conoscenze di costruzioni interamente in legno.

Castle Juval at the beginning of the Schnals Valley, was bought as a ruined complex by the extreme mountaineer Reinhold Messner in the 80ties and was restructured exemplary by him. In the Museum "Juval" he has instituted the "mountain myth". The whole complex is worth seeing, which stands like an eagle eyrie on a rocky ledge. The unique exhibition about Gesar Ling, the Tantra Room, an expedition cellar, a masque collection as well as mountain pictures in the former donjon are explained by well-informed guides. The **Vernagt storage-lake** at the valley end of Schnals, in which the Ötztaler Alps are reflected. A particularity are the farms which are situated on over 2000- metres height and were mostly built in the traditional wood construction form.

*Blick aus der Talweite von Schnals auf **Katharinaberg**. Sich färbende Lärchen kontrastieren mit den Schneekämmen des Nörderberges im Hintergrund.*
Der Tisenhof bei Vernagt im Schnalstal mit Stausee und Ötztaler Gletscher.
*Schafabtrieb über den **Niederjochferner** (3012 m) in den Ötztaler Alpen.*

*Sguardo dal fondovalle della Val Senales sul **Monte Santa Caterina**. Variopinti larici contrastano i crinali innevati del Monte a Tramontana sullo sfondo.*
Il maso Tisenhof, presso Vernago in Val Senales, con la diga ed i ghiacciai delle Alpi dell'Ötztal.
*Transumanza di pecore attraverso il **Giogo Basso** (3012 m) nelle Alpi dell'Ötztal.*

*View from the wideness of the valley of Schnals to the **Katharina mountain**.*
Colouring larches contrast with the snow crests of the Nörder mountain in the background.
The Tisen Farm near Vernagt in the Schnals Valley with storage-lake and Ötztaler glaciers.
*The sheep driving-off across the **Niederjochferner** (3012 metres) Ötztaler Alps.*

Eine Sensation gab es 1991, als im Gletschereis des Similaun (3597 m) der „Homo tirolensis" gefunden wurde, bekannter unter dem Namen Ötzi. Der „Ötzi" liefert einen weiteren Beweis dafür, dass die Route vom Etschtal durch das Schnalstal über das Niederjoch (3012 m) eine uralte Nord-Süd-Verbindung ist, die heute freilich nur noch von Bergwanderern oder Schafhirten mit ihren Herden benützt wird.

Nel 1991 il luogo balzò all'attenzione della cronaca mondiale per la sensazionale scoperta del cosiddetto "homo tirolensis", sul ghiacciaio del Similaun (3597 m), passato in seguito alla storia come Ötzi. La mummia dei ghiacci ritrovata dimostra ampiamente che il passaggio dalla Val d'Adige alla Val Senales attraversava il Giogo Basso (3012 m) da tempo immemorabile. Un passaggio ideale tra il nord ed il sud che viene sfruttato ancora oggi da escursionisti e da pastori per spostare le proprie mandrie.

In 1991 a sensational find happened, when in the glacier ice of the Similaun (3597 metres) the "homo tirolensis" was found and named "Ötzi". "Ötzi" offers an additional proof that the route from the Etsch Valley through the Schnals Valley and the Niederjoch (3012 metres) was an antique north-south connection, which of course today is only used by mountaineers or shepherds with their herds.

*Seitdem die Gletscherregion um den **Ortler** (3905 m) auch für den Alpinskifahrer erschlossen wurde, erleben Sulden und das Stilfser Joch eine deutliche Aufwertung.*

Der Nationalpark Stilfser Joch

134.620 ha Fläche umfasst Südtirols einziger Nationalpark, den das Land sich mit der Lombardei und dem Trentino teilt. Sämtliche Täler rund um den Ortler, eine riesige vergletscherte Gebirgsgruppe, noch dazu die höchsten Gipfel der Ostalpen (Ortler) wurden 1935 unter ständigen Schutz gestellt. Vom ewigen Eis in der Gipfelregion bis zu den Obstgärten der Täler, vor allem des Vinschgaus, ergibt sich eine faszinierende Abfolge von Natur-und Kulturlandschaft. Zwar sind auch stark touristisch erschlossene Gebiete in den Nationalpark integriert (Sulden, Stilfser Joch), aber der Großteil des Nationalparks ist wenig oder kaum von Menschen überrannt und bietet somit Lebensraum für eine ausgeprägte Fauna und Alpenflora.

*Da quando la regione ghiacciata dell'**Ortles** (3905 m) è accessibile anche per gli sciatori, le località di Solda ed il Passo dello Stelvio si sono notevolmente rivalutate.*

Il parco nazionale dello Stelvio

Con i suoi 134.620 ettari il parco naturale dello Stelvio è l'unico tra i parchi naturali della provincia che si divide con Lombardia e Trentino. Diverse valli attorno alla regione dell'Ortles, un gruppo montano sotto ghiaccio perenne ed il più alto complesso di cime delle Alpi orientali, già nel 1935 furono messe sotto costante protezione naturale. Dal ghiaccio eterno delle regioni montane ai frutteti delle valli presenti nella Val Venosta, in questo parco naturale si può ammirare una sequenza unica di mutevole natura e cultura. Anche se all'interno del parco naturale esistono aree visitate dai turisti in modo massiccio, come Solda o il Passo dello Stelvio, gran parte di esso è poco o in nessun modo inondato da persone, creando pertanto i presupposti ideali per lo sviluppo di una serena e sana fauna e flora alpina.

Since the glacier region around the Ortler (3905 metres) was made accessible for skiing, Sulden and the Stilfser Joch (pass) have known an important improvement.

The National Park Stilfser Joch

The only South Tyrolean National Park covers 134.620 ha and the country shares it with the regions Lombardei and Trentino. Many valleys around the Ortler, a giant frozen mountain chain and even the highest of the Eastern Alps (Ortler) were put under permanent protection. From the eternal ice in the peak region to the orchards of the valleys, especially of the Vinschgau Valley, there is a fascinating sequence of cultivated land and nature. Though tourism areas are included in the National Park (Sulden, Stilfser Joch), the main part of the National Park is little or scarcely frequented by people and offers so living spaces for a rich fauna and alpine flora.

*Aufstieg auf die **Königsspitze** (3851 m). Rasante Skiabfahrt und Gipfelpanorama vom Cevedale (3757 m)*

*L'ascesa sul **Gran Zebru** (3851 m). Veloce discesa con gli sci e panorama dalla cima del Cevedale (3757 m).*

*Ascend on the **König Peak** (3851 metres). Rapid downhill and peak panorama from the Cevedale (3757 metres).*

Ein guter Teil der Dorfgeschichte von **Schluderns** ist mit jener der **Churburg** verbunden, die zu den bedeutendsten Sehenswürdigkeiten des Vinschgaus zählt. Die gut erhaltene Anlage wird seit Jahrhunderten von der Grafenfamilie Trapp bewohnt. Höhepunkt eines Besuches auf der Churburg ist jedoch neben allen übrigen Sehenswürdigkeiten die Rüstungskammer, in der die Rüstungen und Waffen der Grafen und ihrer Knechte aufbewahrt werden.

Hingegen eine Festung des Glaubens und des Geistes ist die **Abtei Marienberg über Burgeis** (Seite 173). Die weiß getünchte, unnahbare Klosterburg, am Hang klebend wie ein tibetisches Kloster, hat barocke Züge. Aber die Schätze, die es birgt, sind älter: Die romanische Krypta mit ihren frisch erhaltenen Fresken zählt zu den bedeutendsten Kunstdenkmälern Tirols.

Gemäß dem benediktinischen Auftrags unterhielten die Ordensbrüder immer eine Schule, aus der einige große Geister hervorgingen. Im Bauernaufstand 1525 schwer geplündert, strahlen heute wieder Abtei und Kirche im Glanz der erhaltenen Kunstschätze.

Una gran parte della storia di **Sluderno** è legata alle sorti di **Castel Coira**, una delle attrazioni da dovere assolutamente visitare in Val Venosta. L'ottima struttura del castello è occupata ormai da secoli dalla famiglia dei conti Trapp. Massima attrazione all'interno di Castel Coira, nonostante molte altre bellezze, è certamente l'armeria, in cui ancora oggi sono ben tenute le armature e le armi usate dai conti e dai loro servi nei secoli addietro.

Di contro una fortezza della fede e dello spirito può essere considerato **il monastero di Montemaria sopra Burgusio** (pagina 173). Il monastero nel suo manto bianco ed abbarbicato sulla roccia come un tipico monastero tibetano, mostra caratteristiche barocche. Tuttavia i

tesori che nasconde sono certamente più antichi. La romantica cripta con i suoi affreschi ben tenuti è considerata tra le più prestigiose opere artistiche del Tirolo. In sintonia con la filosofia benedettina i fratelli monaci gestiscono una scuola, da cui sono usciti grandi pensatori del nostro tempo. Nella guerra contadina del 1525 il monastero fu pesantemente depredato, ma oggi sia il monastero che la bella chiesa risplendono in una luce mai vista prima con i loro tesori.

A big part of the history of **Schluderns** is connected with the history of the **Castle Churburg**, which belongs to the most important sights of the Vinschgau Valley. The well-preserved complex has been inhabited since centuries by the Earls of Trapp. High-light of a visit to the Churburg is together with all the other sights, the weapon chamber, in which the armours and weapons of the earls and their servants are preserved.

A fortress of faith and religiosity is the **Monastery Marienberg above Burgeis** (page 173). The white-painted inaccessible monastery castle, stuck at the hill like a Tibetan monastery, has got baroque features. But the treasures hidden in it are more antique: the Romanesque crypt with its well-preserved frescos belongs to the most relevant art monuments of Tyrol.

According to the Benedictine charge the members of the order provided for a school, out of which some great spirits came off. During the farmers rebellion in 1525 the monastery was sacked heavily, but today the monastery and the church shines in the splendour of its preserved art treasures.

Wer methodisch vorgehen will, ersteigt zunächst den Tartscher Bühel, ehe er in die Niederung des von Mauern und Toren umwehrten **Glurns** absteigt, das mit keinen tausend Einwohnern nicht nur Südtirols, sondern Italiens kleinste Stadt ist. Das ist umso bemerkenswerter, wurde der Ort doch schon 1304 zur Stadt erhoben. Damals waren es die Erzvorkommen im Sesvennagebirge, die strategische Lage (Eingang ins Münstertal) und der Gerichtssitz der Grafen von Tirol, die der Stadt ihre Bedeutung gaben. Heute ist es das mittelalterliche Flair, das der Stadt ihren Reiz gibt. Im Bild das Taufertor, eines der drei bestehenden Stadttore.

Chi volesse proseguire con ordine metodico, farebbe bene a scalare prima di tutto il Col di Tarces e poi ridiscendere nella cittadina di Glorenza, circondata da mura e antiche porte. Quest'ultimo borgo, che non supera i 1000 abitanti, non è solo la città riconosciuta tale più piccola dell'Alto Adige, ma dell'intero Stato italiano. Il fatto è ancora più straordinario se si considera che Glorenza venne fondata come città già nel lontano 1304. All'epoca erano i preziosi metalli delle montagne Sesvenna, la posizione strategica (all'entrata della Val di Monastero) ed il suo ruolo di sede giudiziaria dei conti del Tirolo a dare importanza alla cittadina. Oggi Glorenza è famosa per il suo fascino del tutto particolare. Nell'immagine la porta "Taufer", una delle tre porte ancora rimaste della città.

Who wants to follow a practical method first ascends the Tartscher Bichl (hill), before you descend on Glurns surrounded by walls and gates, which with its less than thousand inhabitants is not only the smallest town of South Tyrol but even of Italy. This is even more remarkable by knowing that the small place was raised to town in 1304. In that time the ore deposits in the Sesvenna mountain chain, the strategic location (at the beginning of the Münster Valley) and being the place of the law-court of the Earl of Tyrol, gave to the town its importance. Today it is the Middle-age atmosphere that gives to the town its charm. In the picture: the Tauferer Gate, one of the three existent gates.

Das Dorf **Mals** überragen fünf markante Türme. / Die weithin sichtbare **Benediktinerabtei** Marienberg und die zu ihren Füßen liegende **Fürstenburg** bei Burgeis bestimmen die Kulturlandschaft des Vinschgauer Oberlandes. / Bezaubernde Engel am Gewölbe der Krypta von Kloster Marienberg.

Il paese di **Malles** è simbolicamente protetto da 5 grandi torri. / Il **monastero benedettino** di Montemaria ed il **castello principesco** sito ai piedi di Burgusio caratterizzano il paesaggio culturale dell'alta Val Venosta. / Un incantevole angelo sulla volta della cripta del monastero di Montemaria.

There are five impressive towers that characterize the village **Mals**. / The well-visible **Benedictine monastery** Marienberg and at its foot the **Fürstenbug Castle** near Burgeis determine the cultivated landscape of the Upper-Vinschgau Valley. / Charming angels on the vault of the crypt of the monastery Marienberg.

Vinschgau heißt das Tal der Etsch von ihrem Ursprung am 1507 m hohen Reschenpass bis zur Talstufe an der Töll bei Partschins. Auf der linken Seite steigen abgeholzte Hänge zu den Gletschergipfeln der Ötztaler Alpen und auf der anderen Seite dicht bewaldete Bergrücken vor der Sesvenna- und Ortlergruppe.

La valle attraversata dall'Adige tra l'alto Passo Resia (1507 m) fino al fondovalle di Telle, presso Parcines, viene chiamata **Val Venosta**. Sul versante sinistro si alzano i ripidi pendii disboscati verso le cime ricoperte dai ghiacci perenni delle Alpi dell'Ötztal, dall'altro la fitta vegetazione sulla dorsale montana del Sesvenna ed il gruppo dell'Ortles.

Vinschgau is the name of the valley of the Etsch river from its beginning at 1507 metres high Reschen pass to the valley stair at the Töll near Partschins. On the left side stubbed slopes ascend to the glacier peaks of the Ötztaler Alps and on the other side densely wooded mountain ridges in front of the Sesvenna and Ortler Group.

Sehenswürdigkeiten im oberen Vinschgau:

- Sulden und Stilfser Joch (Nationalpark)
- Churburg bei Schluderns
- Tartscher Hügel mit Kirche St. Veit
- Glurns. Stadtbild mit Befestigung
- Mals – alten Ortskern
- Burgruinen Lichtenberg, Rotund und Reichenberg
- Kirche St. Jakob in Söles (zwischen Glurns und Lichtenberg)
- Benediktinerabtei Marienberg
- Haider und Reschensee

Particolari attrazioni dell'Alta Val Venosta:

- Solda ed il Passo dello Stelvio (parco naturale)
- Castel Coira presso Sluderno
- Glorenza – cittadina con mura di cinta
- Malles – centro storico
- Le rovine di Castel Montechiaro, Rotund e Castel Rotund
- La chiesa di S. Giacomo di Söles (tra Glorenza e Montechiaro).
- Monastero benedettino di Montemaria
- Lago della Mutta e Lago di Resia

Sights in the Upper- Vinschgau Valley

- Sulden and the Stilfser Joch (pass) (National Park)
- Churburg Castle near Schluderns
- Tartscher Hill with the Church St. Veit
- Glurns. Picture of the town with the fortification
- Mals-historic centre
- Castle ruins Lichtenberg, Rotund, and Reichenberg
- Church St. Jakob in Söles (between Glurns and Lichtenberg)
- Benedictine Monastery Marienberg
- Haider and Reschen Lake

www.vinschgau-incoming.com / www.valvenoster-incoming.com

---

*Im Bild der **Reschenstausee**. Das alte Dörflein Graun ist seit 1949 in den Fluten versunken. / Der **Haider See** bei St. Valentin auf der Haide bietet einen herrlichen Fernblick auf den Ortler. / Tier und Pflanzenwelt im Nationalpark Stilfser Joch.*

*Nell'immagine il **lago – diga di Resia**. Il vecchio paesino di Graun è scomparso sotto la superficie dell'acqua dal 1949. / Il **lago della Mutta** presso S. Valentino alla Mutta offre un'incredibile vista verso l'Ortler. / Fauna e flora del parco nazionale dello Stelvio.*

*In the picture the **Reschen Lake**. The ancient village Graun was flooded in 1949. / The **Haider Lake** near St. Valentin auf der Heide offers an incredible view towards the Ortler. / Flora and fauna of the National Park Stilfserjoch.*

Bildquellennachweis – Fonti Fotografiche

Dieter Drescher: Seite 146, 147, 159 unten, 166
Hans Pescoller: Seite 21, 124 oben, 125, 126 oben und unten links, 132 unten, 133 unten,
    134, 136 unten, 137 oben
Hartmann Seeber: Seite 120 unten, 121, 122, 123 unten links, 124 unten
Kastelruther Spatzen: Seite 54 oben und mitte
Manuela Prossliner: Seite 149 unten
Nima Gruber: Seite 74 oben, 148, 149 oben, 150, 160, 162, 163 unten
Südtiroler Archäologiemuseum – www.iceman.it: Seite 78 oben und mitte
Südtiroler Landesmuseum für Volkskunde: Seite 114 unten
Südtiroler Marketing Gesellschaft: Südtirol Panoramakarte
Tappeiner: Seite 164 unten
Tourismusverein Gsies: Seite 118 unten
Tourismusverein Sterzing: Seite 4 oben, mitte rechts, 5, 6 oben, 7 oben und unten, 10 unten links

Literaturhinweis – Indicazioni Bibliografiche

Dietrich Höllhuber: Südtirol, Erlangen 2004
Helmut Stampfer: Schloß Rodenegg, Bozen 1998
Josef Rampold: Pustertal, Bozen 1977 – Vinschgau, Bozen 1979 – Eisacktal, Bozen 1981
Marcello Camininti: Die Burgen Südtirols, Calliano 1989
Oswald Kofler: Südtirol für Kenner, Bozen 1981
Peter Ortner, Christoph Mayr: Südtirol, Bozen 2006

Weitere Informationen – Ulteriori informazioni

Reinhold Messner: Folder Juval
Trauttmansdorff: Folder

Alle Angaben ohne Gewähr
Non si rilascia garanzia per le indicazioni qui fornite.